受苦與反抗

陳健民·獄中書簡

陳健民

——著

李平：這篇稿有點長，😊請寬容一次。唔該！健民

《亂邦不居》

讀了一位中學生從美國的來信，被深深觸動。她父母見香港每況愈下，去年舉家移民，年紀只有16歲的她卻心生內疚。她一直記著梁天琦入獄前的一段話：「去或留故然是許多人面臨的抉擇，但假使香港人，特別年輕一代，都不再留戀香港，退居其他地方，香港的未來也就從此有了定數。相反，我們只有紮根這片土地，這裡才有改變的可能，香港也不再是座浮城。」

她喜歡香港的俚語，掃街的美食和港人的團結。身在他鄉，在六月那個晚上，她隔著時差的螢幕，看著催淚彈射入人群中，徹難眠，流淚痛哭。看見同代人在抗爭，她感到捨愛卻又無奈無力。

這種瓜果飄零之苦，過去百年，有許人曾默默承受。譬如日治時期的台灣商人林獻堂先生，每年用一半收入去資助「臺灣議會請願運動」，要求日本准許台灣成立民選議會。他亦是台灣文化協會的主要金主，通過出版、讀報、請習啟迪民智，爭取自治；雖屢遭挫折，亦被同路人攻擊，仍勉力維持。1927年文化協會演化成民眾黨（最近柯文哲以同名建黨），林獻堂出任為顧問，但期後因反對該黨走向「階級解放」的路線而黯然退出。

日本戰敗，林獻堂是少數被蔣介石邀請往南京出席受降典禮的台灣代表。當台灣人熱烈期望國民黨東渡接管時，換來的卻是徹底的失望。陳儀政府貪污腐化、重用外省人、排斥日治時期的本土反對力量、打壓自治更的訴求，最後出現二二八屠殺事件。警備總部整理的「二二八事件叛逆名冊」，竟將林獻堂排名第一。

1949年，國民黨在大陸戰敗，全面撤退至台灣之前，林獻堂已意興闌珊，以養病為由離台赴日。蔣介石為穩住局勢，積極籠絡本土士紳，多次派要員遊說

P.1

2019年8月18日、9月1日的書簡原稿。每篇最開頭寫「給李平先生」。李平為時任香港《蘋果日報》主筆，2021年6月17日以「涉嫌串謀勾結外國或境外勢力危害國家安全罪」被捕。

林獻堂歸台，所得的回覆是：「危邦不入，亂邦不居，是聖人教訓。」林獻堂一生為台灣鞠躬盡瘁，最後竟顧望鄉不歸，客死日本。

但說到亂邦不居，又如何比得上1949年的中國呢？當國民黨敗退的時候，除了帶走黃金數百萬兩和故宮的珍寶以外，許多人都不知道還有個「搶運學人」計劃。第一個被這計劃帶離北京的是胡適，而緊隨他上機的是陳寅恪。但到了南京之後，陳寅恪並無跟隨國民黨撤退台灣，而是去了廣州出任嶺南大學歷史系教授，這是多麼出人意表的決定！

陳寅恪世代書香，在哈佛大學取得博士學位，通曉多國語言和古文字，給彼牛津大學延聘為教授。他推崇「自由之思想，獨立之精神」，他選擇留下，並非信奉共產主義，而是一種與華夏文化共浮沉的心志。覺得因為必須活在孕育這文化的土地上。加上當時他因病後失明，有更深的落葉歸根之感。

其後他的遭遇可在《陳寅恪最後20年》讀到，都是在多次政治運動中備受批判和凌辱。幸虧他有超然的學術地位、失明加上斷腿，才能迴避政治活動，默默地寫出了《論再生緣》和《柳如是別傳》，以詩證史，寄憂傷之情。相反，胡適旅居美國，做了一些無大意義的考證研究。他雖鼓吹台灣要成立新政黨卻無力全力以赴。最後回台出任中研院院長，在一次宴會中猝死。

這些人物，面對歷史的轉折，或去或留，都有合理之處。亂邦不居，但生於亂世卻有種責任。好像為中學生，說她在網上聽了我的「最後一課」，最簡（信給我的）

P.2

請轉給李平先生

《哪來對話的基礎？》　　　　　　　　　　陳健民

　　林鄭的對話平台仍未建立，卻先拘捕幾位泛民議員。其中兩位一直站在抗爭者和防暴警中間要求提供疏散路線，被告阻差辦公；而區諾軒議員因為用大聲公講話而被控襲警。如果那些社會賢達覺得政府展示了對話的誠意，你們便繼續和林鄭開會吧，不過請緊記說話時要溫柔敦厚點。

　　其實自03年七一遊行以後，中共對港政策強調「以我為主」，中間力量不斷被壓縮，已呈兩極分化之勢。我本是最著力鼓吹對話的學者，公開或私底下都曾與主管香港事務的部門和訊息收集機構反映社會的訴求。但到了831決定以後，我和一批積極關注社會改革的學者卻無奈宣佈「對話之路已盡」，香港掉進入抗命的時代。

　　我一直欽佩曼德拉以對話化解南非的種族衝突。但對話要能成功，端賴一些外在條件的配合。1985年曼德拉願意主動提出對話，是因為他見到杜圖主教組織的一場示威沒有遭受殘酷的鎮壓，顯示新政府可能採取較寬鬆的路線。另一方面，經過二十多年的勇武抗爭，黑人即便不是累了，也意識到革命難以成功，故此雙方均有對話的動力。

　　許多人還記得民主黨和普選聯於2010年成功與中共對話而爭取到立法會選舉辦法的修改，當時我是其中一位進入中聯辦談判的代表。其實關上門後，中聯辦的官員只是重申我們提出的「超級區議員方案」是「三違反」。真正的談判是通過梁愛詩與當時國家主席胡錦濤通信，但我相信掌管港澳事務的習近平是促成妥協的關鍵人物。習當時在派系鬥爭的暗湧當中，他首要關心的是在接任中共大權之前香港不出亂子，免成為政敵攻擊的藉口，因此有較大的誘因與香港溫和民主派妥協，為對話奠下基礎。

但2012年習近平掌權以後形勢大變。他成功殲滅了薄熙來等政敵，實行全面集權、提出「七不講」、取消集體領導、修憲為自己永續統治鋪路。因此之故，佔中運動只是在極小的狹道中爭取中共履行普選承諾，但對話仍未展開，831已落閘。我們必須清醒地面對現實：只要一天還有「習核心」，香港民主改革的希望都十分渺茫。

但香港不進行民主改革卻只有敗路一條。「反送中運動引發劇烈的警民衝突」，林鄭堅持以監警會和青年事務委員會等去處理危機，不曉得舊有系統的認受性已全面崩潰。抗爭者甚至懶得叫「林鄭下台」，而改為以「雙普選」為五大訴求之一，因為知道體制不變，誰上台都會變得離地，甚至逆民意而行。

食過催淚煙和目睹警黑無差別打人的一代，已看清政權暴力的本質。他們都在認真地思考政治改革的問題。Karl Popper 說自柏拉圖起我們都問錯了一個政治問題：如何產生英明的領袖？其實人類根本沒法設計一套選出才德兼備的領袖的方法，無論那是哲學之王或仁君。那些維護小圈子選舉的人請撩亮眼睛看看我們四任特首的德相：老懵懂的愚忠商人、貪小便宜的打工仔、豺狼心腸的土共和剛愎自用的酷吏。民主制度永無法保證選出優秀的領袖，但它卻可回應 Popper 認為最重要的政治問題：如何防止無能或缺德的當權者侵犯公民的權利並為社會帶來無可挽回的破壞？林鄭幾個月來的表現是這套理論最佳的注腳。民主的基本的功能便是以最和平的方式把劣的當權者請下台，可惜這樣卑微的要求在今天的香港卻是莫大的奢侈！

除非當權者釋出民主改革的善意，否則我看不到對話的基礎。最後，恐怕只剩下林鄭和一些社會賢達，在禮賓府內輕聲細語地互相問候。

寫於9月1日

目次

2020 年

特別收錄：專訪、香港大事記

附錄

波平浪靜處安身

2021 年 7 月 19 日，我終於坐在往臺北的飛機上，那已經是我出獄 1 年 4 個月後的事情。在獄中我多麼渴望能離開香港去一個可以呼吸自由的地方，但為何遲遲未有成行？

獄中讀歷史小說《曾國藩》，說這位晚清大臣在中年以後得一高人點撥，勸他「莫從掀天揭地處著想，要在波平浪靜處安身」，那話說到我的心坎裡。我半生致力建設中國公民社會和爭取香港民主普選，但前者幾近搖搖欲墜、後者更是遙遙無期。為此志業我被關進牢中，雖是心安理得，亦難免身心疲憊，自然想找一風平浪靜處歇息。

讀《百年追求》，見蔣介石在撤退至臺灣時為了穩住局勢，便籠絡本土士紳，多次派員到日本遊說林獻堂先生歸臺，所得的回覆竟是：「危邦不入、亂邦不居，是聖人教訓。」要知道林獻堂一生為臺灣鞠躬盡瘁，在日治時期每年花鉅款資助「臺灣議會請願運動」，爭取成立民選議會；他亦支持臺灣文化協

會，通過出版、讀報、講習啟迪民智，爭取自治。他曾代表臺灣到南京出席日本投降典禮，但最後在二二八事件中竟被列入叛逆名冊的首名。因為對國民黨政府澈底失望，他寧願客死他鄉，亦不入危邦。在獄中讀到這故事，不禁感嘆香港同樣是一危邦。

2020 年 3 月 14 日（我在獄中行為良好，因而自動減刑三分之一），我步出壁屋監獄，向在場迎接的朋友說：「獄中日子雖然艱難，我卻沒有一刻後悔。」戴耀廷和我說外面有許多事情等著我來推動，但徘徊在我腦海的卻是曾國藩和林獻堂的幽靈。回家與親人重聚，感到滿屋色彩斑斕、每粒米飯分外甘甜。我計畫稍事休息，便積極考慮接受臺灣國立政治大學江明修院長的邀請，到該校任客席教授。誰知當我重返這個變得滿目瘡痍的城市，目睹人們因為「反送中運動」（反對香港政府修訂《逃犯引渡條例》）的挫折而淹沒在沮喪和憂傷之中，反而依依不捨，甚至覺得應與這個城市共浮沉。

從小監獄回到大監獄

香港已變成了一所大監獄。我看見中文大學二號橋（反送中運動中警察與學生決戰之地）圍起了和獄中一樣帶有刀片的鐵絲網，也看到警署和重要政府建築物被水馬（充水式護欄）

重重包圍和警察經常在街上或地鐵站檢查市民的身分證。2020年7月1日《國安法》實施，[1]白色恐怖迅速蔓延，學者朋友陸續收到出版社通知，終止一些涉及反送中運動的出版合約，出版我的《獄中書簡》的出版社亦決定暫停業務。[2]然後國安署在8月拘捕黎智英及其家人、《蘋果日報》的高層和香港眾志的周庭。2021年1月則大搜捕多名民主派人士，指他們參與民主派初選是串謀顛覆國家。其後陸續有民主派人士因為言論或籌款支持流亡抗爭者而被冠以不同罪名拘捕，弄得人心惶惶。因為國安署經常在早上6點到家裡逮人，有泛民主派和傳媒朋友告訴我，清晨聽到門外有聲音便會以為是警察上門拘捕。試問誰能在暴政下安眠？

我既已決定不再「從掀天揭地處著想」，出獄後便沒有參與任何抗爭組織或行動。我念茲在茲的，是那些因反送中運動被捕的年輕人和被國安署以「莫須有」罪名關押的老朋友，希望以我坐牢的經驗，協助他們安住當下、不被高牆鐵窗摧毀他們的意志。這是出版《陳健民獄中書簡》的首要原因。

---

1   全稱為《中華人民共和國香港特別行政區維護國家安全法》。
2   編注：《陳健民獄中書簡》，2020年6月1日於香港初版。

牢中讀書忘記春去秋來

於是我便帶著《獄中書簡》[3]和許多等候審訊的被告和一些已被關押的被告的家人會面，讓他們對於獄中生活有較充分的心理準備，減少過度的恐慌。在那些聚會中，看著一些被捕者幼嫩的臉孔和在旁眼泛淚光的家人，感觸良多。分組討論的時候，有些家長難以相信子女會捲入暴力罪行（年輕人的勇氣的確超乎想像），更多是坐立不安擔心子女在獄中被虐待（都會提到電影《監獄風雲》的暴力）。我除了講解獄中的規矩、囚犯的文化，更會分享讀書、運動和其他有助維護自由心靈的方法。對於家人，最重要是勸他們好好生活，才能減少在囚人士的內疚與掛慮。

在獄中三百多天，我體驗到閱讀可令人跨越高牆，穿梭於歷史不同時空、沉思在宇宙人生的課題中，不單讓本來空洞的獄中生活變得充實，讀著讀著，更會忘記春去秋來，日子比較好過，因此致力協助獄中的抗爭者（手足）讀書。我和一些支援小組合力開具書單讓獄中手足參考，或者按他們的意願去搜購書籍，每人每月送 6 本書進去（這是監獄規定的最高數量）。有些大學老師自願按手足的需要為他們設計課程和書單，亦有

3　編注：香港版。

老師以通信方式輔助手足深入閱讀。因為購書和聘請專人協調上述事宜需要金錢，我便舉辦多場《獄中書簡》簽名會籌募經費，市民踴躍支持，慷慨解囊。

其中有一次在上環見山書店舉行，我在店外的空地擺上小桌檯，索取簽名的市民可坐下來閒聊幾句。許多人甫坐下來便淚流滿臉，除了感激我和其他雨傘運動的被告代替十萬計的佔領者坐牢外，還一一細說在反送中運動中市民的委屈和政府的麻木不仁。排隊的人龍綿延不絕，站滿了書店旁的後巷。工作人員說許多人等了超過一小時，囑咐我不能再像中醫看診般望聞問切，但我實在感受到許多人內心滿載悲憤，必須找到樹洞好好傾訴。

不少市民在簽名會中提到我的「健民書房」YouTube 頻道，[4] 說給了他們很好的啟發和安慰。建立這頻道也是一個因緣，當時一群年輕人義務為我推廣《獄中書簡》，建議我運用 YouTube 來介紹書中一些章節，讓讀者感到作者的溫度。此外他們發現許多「藍絲」（支持北京、香港政府和警察的人士）已成為 YouTuber，爭奪網上言論的主導權。我按他們的建議開設了「健民書房」YouTube 頻道，但並非如他們期待般成為一

4　https://www.youtube.com/c/kmchan%E9%99%B3%E5%81%A5%E6%B0%91/videos

個 KOL。我覺得香港已變成一個大監獄,活在其中的人或浮躁不安、或懷憂喪志,和我在獄中遇見的獄友並無兩樣。我希望他們每星期能靜下心來半小時,聽我說書,希望他們知道許多人基於不同原因都經歷過今天香港人承受的冤屈、打壓和沮喪,而這些歷史或小說人物是如何懷著信念熬過艱難日子,這亦是我出版《獄中書簡》的第二個原因。

因為「健民書房」得到相當迴響,我更開設了「健民講堂」Patreon 頻道,[5]進行有系統的線上教學,講解民主理論、公民社會理論和當代中國等課程。雖然和一些 KOL 的訂閱人數不能同日而語,但比起大學的講堂,網路平臺能接觸的人數乃是以倍計,是普及教育的有效工具。特別當政府不斷收緊對正規教育的控制,網際網路在培育獨立思考、傳播民主理念和促進思想交流的功能愈形重要。

不過因為在獄中不能上網,要幫助年輕手足充分運用坐牢的時間,最好還是鼓勵他們修讀正規課程。香港的在囚人士可修讀公開進修大學(現改名為都會大學)的課程,但因為監獄提供的獎學金不足,如果想在幾年間完成學位課程,必須要另籌經費協助。我嘗試找一些朋友成立獎學金,但大多都顧慮在

5　https://www.patreon.com/kmchan

香港現時的形勢下籌款支援手足，隨時會被政府以「洗黑錢」的罪名控告。此外，銀行對於任何籌款活動都戒心重重，不會輕易為團體設立戶口。我曾經和教育專業人員協會（教協）商討在他們協會下設立此獎學金、借用他們戶口籌款。我以為支持年輕人讀書是天經地義的事，教協應會支持，結果卻是出人意表。他們表示協會遭受龐大的政治壓力，無法再承擔更多任務。不久之後，這個成立近半世紀、全港最大的工會正式宣布解散，可見香港公民社會的處境何其嚴峻，即使保障公民權益、推廣文化教育的工作亦舉步維艱。

做微小而有意義的事情

但我相信在暴政之下，還能做一些微小而有意義的事情，譬如探監和寫信給在囚的朋友。在反送中運動烽火連天的時候，我是被關在新界西貢山上的一所監獄，與抗爭者完全沒有聯繫。因此，當我出獄後收到一些邀請，希望我能去探望一些因涉及暴力罪行（如製造汽油彈）而遭關押的年輕手足時，感到非常驚訝。事關在雨傘運動期間，「勇武派」對我們「佔中三子」（戴耀廷教授、朱耀明牧師和我本人）堅持要以「和理非」（和平、理性、非暴力）手段進行抗爭表示相當不滿，為何現在他們想與我見面？

結果他們異口同聲說在雨傘運動期間非常支持「愛與和平」的理念，有些人說當時連坐在馬路中間都需經過一番掙扎。他們是在反送中運動中參與了幾次百萬人遊行後，林鄭政府仍然一意孤行、對年輕人捨身相諫亦麻木不仁，才令他們相信和平抗爭再沒意義，必須轉向勇武。因為可能會服刑多年，這些手足難免被憤怒與沮喪的情緒困擾，幸好他們都有敏銳的思想和求學問的心志，關押期間一直在讀書。在信中和探監會面時，他們和我討論的是有關自然法、政權的正當性、公民抗命、囚權、信仰等問題。我有時會想：是否因為他們太有思想和責任感，才弄至身陷囹圄？

　　其中一位被關押的手足的母親一直與我保持聯繫，我從她口中知道該青年十分上進和孝順，在單親家庭中長大，憑藉自己努力讀上碩士班。媽媽雖然身患癌症，為了爭取每天 15 分鐘與兒子會面（已定罪的囚犯則是每星期一次 30 分鐘會面），每朝清晨便在監獄門外排隊爭取「頭籌」，以求盡早探訪後趕及上班。《國安法》實施令她惶恐不安，擔心政府會以「反恐」之名加重罪於兒子身上。我赴臺前最後一次探此青年是在一個炎熱的早上，隔著玻璃看到他汗流滿臉、滿頸紅斑、衣扣全部打開、一直拉伸著領子散熱。之前他請我寄一些有關美國獨立戰爭的書給他，現在說看書時汗如雨下滴到書頁上去，盛夏的

牢房有如烘焙坊，無法令人專注看書。他對前景感到異常迷茫，將一絲希望寄託於未來可能發生的劇變。

即使是較成熟的民主派朋友，在毫無心理準備的情況下被政府以各種荒謬藉口控告顛覆國家罪，亦同樣難以承受。有朋友在探訪期間一直流淚、有重複說自己無辜、有強作鎮定卻是六神無主。相反，一些可能面對極長刑期的朋友卻展示無比的勇氣，帶著哲學家的心懷在獄中沉澱思緒。戴耀廷說自己如進入曠野，日復一日看著同樣的風景，要學習身心完全順服上帝，在獄中安靜地跑步和寫作。黃之鋒由一個敏於政治判斷的少年，在高低跌宕中成長為對周邊的人更為關切的青年，說在獄中要學習成為更好的人，感恩父母和其他人多年來的愛護。黎智英囑附我無需擔心，說他所擁有的一切是香港賜予的，他的生命也就屬於整個社會。他感恩在獄中度過的每一天，可以靜心讀書和默想是無比幸福，他下半生要以追隨耶穌基督為榮。

不過在監獄探訪室外的等候區看著這些朋友的家人，他們的兒子／女兒、丈夫／妻子、爸爸／媽媽原來都是醫生、律師、教授、立法會議員、工會領袖等，無端被投進獄中，家人日夜奔走提供支援、賣房賣車甚至要帶子女離開香港，那種苦痛真是有口難言。許多人都會問：為何港人要經歷這種種磨難，為何公義遲遲未有彰顯？我相信當年美麗島事件的被告

（特別是林義雄）和陳文成慘案的家人也曾提出同樣的問題。也許經過多年後回首，才能領悟到人們必須經歷這些苦痛，才能深切體會到專制的邪惡、自由的可貴，而且必須建立民主制度去保衛。

臺灣作為棲身之所

探監、寫信、送書、說書，出獄後我日復一日在做著這些微小的事情，即使接受了政治大學的邀請，仍是依依不捨，壓到最後關頭準備起行卻又因疫情問題遲遲未獲簽證。因為香港形勢愈來愈危急，家人對我的處境憂心忡忡，每天催促，直到我安全登機才放下心來。在機上闔上眼睛，感覺是出獄後首次真正放鬆自己。飛機快要降落到桃園機場，遠望窗外，藍天白雲下是連綿的田野、沿著海岸線是一座座發電風車在碧海白浪前徐徐轉動，讓我感到久違了的安全感和自由。臺灣會是我棲身之所嗎？

感謝聯經出版公司的林載爵先生提議在臺灣再版《陳健民獄中書簡》，其中一個原因可能是林太太說我原來的版本字體太小、欺負老花眼。如果臺灣版的字體夠大，大家從此書中可以讀到香港在 2019 年漫天烽火的時候，一位因參與民運而身陷囹圄的學者，如何安靜地在獄中細嚼中臺港歷史、思索華人

社會的前路。我更希望這些書簡能令臺灣的年輕人體驗到專制的邪惡、自由的可貴。目睹香港急速淪陷，臺灣更要捍衛得來不易的民主憲政，發展出更務實的政黨政治、更客觀理性的傳媒、積極參與的公民社會，才能深化民主，讓臺灣成為華人社會的民主燈塔！

為義受苦的知識分子

朱耀明[6]

　　326 日不是一個數字，而是述說滿懷勇敢、正義、悲憫的一位知識分子，承受牢獄的艱苦歲月。健民一開始投入「讓愛與和平佔領中環」運動時，已知道這是一條崎嶇難行的路，因此堅持行動安靜莊嚴，不與任何人有肢體衝突；參與者要自動投案，在法庭不作抗辯，接受法律制裁。行動的重點不是要癱瘓中環，重點是透過自我犧牲，喚醒各方對現時不公義的政治制度進行反抗，和表達對這城市的前路深切關注。

　　判刑那一天，法官不也是說被告犯案不涉及暴力、貪念、慾望、憤怒和錢財，而是出於爭取普選和保護被捕的學生領袖。那麼為何重判 16 個月的刑期呢？法庭認為用如此的行動

6　香港柴灣浸信會前主任牧師、香港民主發展網絡、支聯會成員。因「讓愛與和平佔領中環」活動，被控「串謀作出公眾妨擾」，於 2019 年 4 月 24 日判刑確定，緩刑 2 年。

意欲取消「831」決定，爭取真普選是「天真和不切實際」。[7]

眼看香港政府管治邁向極權，如果沒有民主政制，人權、法治和自由就失去保障，香港已走向政治懸崖。就「政治現實」而言，大可選擇逃避、順從；但健民卻因深愛香港而選擇投身抗命，走向苦路，與民同行，不畏險惡和犧牲！這種投身，在黑暗政治懸崖邊緣呼喚黎明，是愛、勇敢、正義、悲憫之知識分子的吶喊，希望能喚醒沉睡的人，因為災難快要發生了。

「天真」？是的。健民本性就是率性正直、純潔，是一位無懼風雨，勇往直前的學者！他很清楚知道，一旦走上這「公民抗命」路，必然要犧牲，他放下做了 20 多年在中國發展公民社會的宏願，辭退了「中國研究服務中心」及「香港亞太研究所公民社會研究中心」主任，並提早退休，為的是準備承擔刑責。

「79 日為時太長，不能不判監」，但其實我們在佔領 3 日後就準備撤離，但健民不忍心於肅殺緊張的時候離開學生和群

7　編注：全稱為「關於香港特別行政區行政長官普選問題和 2016 年立法會產生辦法的決定」，是中國全國人大常委會審議於 2014 年 8 月 31 日通過的決定，當中規定 2017 年香港特首選舉參選人僅有提名委員會可提名，而且提名委員會的組成與提名程序令北京可全面操控候選人，與 2007 年 12 月 29 日全國人大常委於 2017 年公布的「香港特首可由普選產生」的承諾不符，香港因而掀起爭取符合國際標準的「真普選」運動，希望由選民直接提名，或是由具一定得票率的政黨提名候選人，或是由一個不會設立不合理參選障礙的提名委員會提名。

眾，他願默默陪伴，期盼黎明。判刑求情時刻，他應有更多更著名的人士和學者為他寫求情書，但他沒有呈上，也不自辯。他甘心情願地放棄自己的自由而轉向為我求情，令我非常感動又傷痛，徹夜難眠！目睹囚車離開法院，心如刀割，痛苦不堪，淚流不止！

我親愛的弟兄，勇於承擔公民抗命的刑責，昂然走進監獄。我未能與弟兄同進，自由在外，深感歉疚！獄中，他來信說：「我當初說過，耶穌來世上最重要的工作是（為救贖世人）受苦，所以我以入獄受苦為公民抗命最重要的部分……。我對年輕人為運動犧牲久未釋懷。」他在苦牢中，卻關懷著幾個月來反送中運動的受苦手足！他說出獄後，最先是要幫助和關懷受傷、收押候審、坐牢的手足。

健民對人的愛，對公義的堅執，經 326 日的牢獄磨練而顯得更堅實！

序
忠誠受苦

陳健民

2020 年 4 月 4 日

　　出獄已經兩星期多，雖然呼吸著自由的空氣，每天仍是絮語不休地談著過去一年監獄生活的點滴。說到艱難處，家人搖頭嘆息；談到如何在龍蛇混雜中遊刃，大家嘖嘖稱奇。其實回到這個飽受專制蹂躪的城市，我一直抗拒那荒唐的日常，甚至帶點病態地眷戀獄中那份平靜。在高牆內我如飢似渴地啃書和跑步，並通過書簡分享我的思潮起伏。我雖然不太知道外界對這些書簡的反應，有時甚至覺得自己像站在亂世的一角喃喃自語，但書寫本身讓我保持心境清明，亦讓我感到生命力在流動。我入獄之前，向自己許下承諾，不讓高牆鐵窗把我摧毀，要好好地活過這段日子，反撲當權者藉牢獄製造的寒蟬效應。現在要將這 43 封獄中書簡結集成書，除了會為信中一些概念加上注釋，還附上一篇〈讀而忘憂：獄中書單〉，希望一些抗爭者如不幸入獄，亦能在逆境中保持心境平靜，並趁這難得

「斷網」的日子，讀書尋智慧。至於沒有準備入獄的讀者，當你從這篇序言知道獄中日子並不好過，希望你們珍惜自由，努力求學問、追逐理想。讓我先帶你走過這三百多天的牢獄生涯，一起在傍晚返回牢房前仰望默默守望的北斗星，你便會明白我是在怎樣的處境中寫下一字一句。

宣判

2019 年 4 月 24 日法官判我入獄 16 個月，[8] 我馬上計算在獄中如行為良好、自動扣減三分一刑期後，大概便是坐 11 個月牢。再聽到朱耀明牧師獲判緩刑、兩位學生領袖被判緩刑或社會服務令，便放下心來，一面被押離法庭，一面與坐在旁聽席上的太太做了一個 OK 手勢。但她卻只是一臉茫然，沒作出任何反應。

2013 年 3 月 27 日在基督教佑寧堂舉行「讓愛與和平佔領中環」（和平佔中）記者會的時候，戴耀廷教授表示佔領中環是公民抗命，屬違法行為，究竟政府將會以何種罪名控告我們「佔中三子」亦不得而知，不過我們已做好準備承擔法律責任。

8　編注：因發起「讓愛與和平佔領中環」運動，被控串謀造成公眾防擾，判刑 16 個月；被控於 2014 年 9 月 27 日至 28 日，於香港金鐘添美道煽惑他人對公眾造成妨擾，判刑 8 個月，同期執行。

但據我們當時的估算，幾千人坐在中環馬路等待被捕，最有可能是被控參與及組織「未經批准集會」。過往對這類和平示威判刑較輕，我估計最大問題是被定罪後影響在大學的工作。但香港再不實行普選，政府已難以管治下去；年輕一代對社會不公亦愈來愈不滿，衝突一觸即發。我認為過往溫和對話的立場必須更弦易轍，方能迫令政府推動政改。而作出個人犧牲，甚至失去教席，亦在所難免。

　　但 2014 年 9 月 28 日，因為「重奪公民廣場」而引發提早佔中，已經不是按和平佔中的劇本上演。而警方動用催淚彈驅散人群，反而引發幾十萬人佔領金鐘、旺角和銅鑼灣 79 天，演變成由青年主導的「雨傘運動」。但律政司仍以佔中三子和泛民幾位成員為主要檢控對象，罪名則由 2015 年初作出拘捕時所警誡的「參與、組織及煽惑未經批准集會」，轉變為其後的「串謀、煽惑及煽惑他人煽惑公眾妨擾罪」，目的是希望加重刑罪。

　　一拖再拖，此案終於在 2018 年 11 月 19 日開審，至 12 月 14 日結束，期間哭聲、笑聲、掌聲在法庭內不斷迴盪。[9] 開審前我已作了最壞的打算，提早在中文大學退休。但因為審訊期

9　詳細審訊過程見陳健民主編《審判愛與和平：雨傘運動陳詞》（香港：進一步多媒體，2019）。

間法官容許三子在庭上詳細答辯和陳情、又容許辯方播放感人至深的紀錄片《傘上：遍地開花》（*Umbrella Diaries: First Umbrella*）、和傳召李立峰教授作供，指出催淚彈是更強引發民眾上街佔領的因素，大家曾有一絲希望以為會打贏這場官司。但我卻有一種強烈的直覺，知道牢獄之災不能倖免。入獄前我與朱耀明牧師有一次談話，感嘆傘後社會瀰漫濃烈的無力感，但佔中案開審反而凝聚了不少支持者到法庭打氣，社會亦有機會重溫佔領的初衷，可見受審和入獄是公民抗命中非常重要的環節。這讓我想起在納粹德國下，潘霍華牧師（Dietrich Bonhoeffer）參與刺殺希特勒的計畫雖然失敗，但他在獄中堅毅不屈的精神並寫下雋永的《獄中書簡》（*Letters and Papers Form Prison*），影響了許多後來者。潘霍華常提醒信徒沒有「廉價的恩典」，人必須要為自己的信仰付上代價。他像先知般預見自己如同捲入一場打鬥，開始時還想到擋隔和躲避攻擊，最終發覺只能是忠誠地受苦，就像耶穌來到世上最重要的工作便是受難。潘霍華全然接受上天的安排，甚至感到自己被選中喝此苦杯是一種榮幸。面臨行刑一剎那，他說這看來似是終結，其實只是一個開始。因此我告訴朱牧師，當我們好像對這局勢已無計可施時，我們還可以做的，是忠於我們的信念去坐牢、去受苦。

收押所

入獄頭三天是在荔枝角收押所渡過。在〈梅花香自苦寒來〉一信中，我談及從法庭押至荔枝角的過程中，如何由手銬的烙印、收押所職員的語調、對走路以至站立時姿勢的要求，知道自己要放下教授的尊嚴，學習做一個失去自由的小學生。

那三天戴耀廷、邵家臻和我被安排住進收押所的醫院，黃浩銘也許因為是「黑手」（有「犯罪」前科）、也許因為年輕力壯，他被安排住在一般的牢房。有一位懲教署[10]保安警察一直協助我們安頓，說他的責任是確保我們的安全。醫院裡的職員亦頗友善，邵家臻進牢房後一直躺在床上痛苦不堪，他們都細心檢查。

但收押所醫院的衛生情況卻令人吃驚。我打開床頭櫃的抽屜，幾隻蟑螂便衝上我的手臂。廁所是一個沒有蓋的鐵馬桶，骯髒不堪，有些囚犯會因此而幾天不上廁所的。邵家臻實在不適，來不及走到馬桶已嘔吐大作，牆上地上都有「餘溫」，但必須等到翌日早上才會有當值的獄友清理。

雖然當時是四月天，荔枝角收押所還是比外面悶熱百倍。我被編配到牆邊的床位，電風扇吹不到，即使赤身露體仍汗流

10　編注：相當於臺灣的法務部矯正署。

浹背。那是一個無眠的夜晚，隱約聽到外面集會聲援的口號聲消退後，我望著結滿蜘蛛網和昆蟲屍體的天花板，一幕幕回想從佑寧堂宣布運動開始、到在金鐘地上睡了幾十個晚上、庭上自辯與等候宣判、和看到牧師在庭外送別時老淚縱橫。似睡未睡，看著巨型蟑螂在地上竄動，我黎明前決定在床上打坐禪修，安定自己，面對未來一年的挑戰。

壁屋監獄

三天後我要「過界」（移送）壁屋監獄，離開收押所被押上囚車的剎那，心裡有點掙扎。我知道在山坡上有大批記者拿著長鏡相機在守候，有些政治犯會在那「歷史時刻」高舉雙手以示抗議。但我顧念到家人看到我身穿囚衣和戴著手銬，內心一定會萬般痛楚，還是決定以最平和的表情不徐不疾走上囚車。我只想告訴當權者，我心安理得、無怨無悔。到達壁屋後，經過三天的新人輔導，我最終被分配到木工 2「期數」（工場），那是該監獄中工作環境較佳和工資較高的工種。因為我們有自設的餐廳和浴室，分配到這裡的囚犯會較少接觸其他工場的獄友，可見這是一個巧妙的安排。在獄中生活非常規律，幾乎沒有任何選擇的空間。早上 6:30 起床梳洗並按指定方式擺拾被鋪、7:30-9:00 吃早餐、9:00-11:00 工作、11:00- 中午 12:30

工作／洗澡／休息、12:30- 下午 2:00 午餐、2:00-4:30 工作、4:30-5:30 散步／運動／洗澡、傍晚 5:30-7:00 晚餐、晚上 7:00 回牢房休息、10:00 關燈睡覺。（其他工場另有作息時間表）

　　牢房的空間不大，卻放下 19 張上下鋪，最多可睡 38 個人。床寬 2 呎半[11]、床與床的距離只有 2 呎，伸手可及。在兩排床的中間放有長檯，晚上我便在那裡教獄友英語。房內設有吸菸房和廁所，內設有四個水龍頭的長形洗手盤、四個小便斗、三個以矮牆分隔的蹲式馬桶。我們旁邊較小的牢房，睡床與廁所幾乎毫無區隔，因此我們的環境已算是不錯，甚至被當作「智能監獄」的示範單位。事關全監獄裝滿攝錄機，據說如獄友聚集（可能是聚賭或爭執），或者長時間沒動作（可能是自殺），都會作出警報。但我聽到有前線職員譏笑說浪費資源，因為每 15 分鐘他們會巡視牢房一次。獄友則對廁所裝滿攝影機頗有微言，認為是侵犯私隱，但所方卻保證錄影時囚犯的私處會打上馬賽克，而廁所是囚犯打架的熱點，必須監視。

　　工場空間寬敞，樓底有 10 多呎高，夏天非常涼快，冬天卻寒氣透骨。由於木屑飛揚，工場附有浴室，可容 6 人同時洗澡，冬天熱水充足。相反，牢房內只有冷水供應，冬天刷牙都

11　1 呎 =30.48 公分。

會打冷顫，炎夏晚上卻要等到樓下關水龍頭才有水可淋身降溫。在球場運動後有一大浴堂可供淋浴，但每隔 10 秒便要按掣一次，蓮蓬頭才會繼續出水。獄友都是一隻手在按掣、另一隻手拿著肥皂抹身，不忘破口大罵「高智低能」監獄。

餐廳與工場設在同一座大樓，木工兩個工場最多 50 多人共同用膳。餐廳內放滿長桌，坐得密密麻麻，我卻被安排靠窗坐一張四人桌，有新人來而還未「埋堆」[12] 的，會和我坐在一起；有些時候我會獨坐該角落，飯桌便成為我的書桌。但無論是牢房、工場或餐廳，窗戶都裝在牆壁的上端，玻璃滿布塵埃，看不到藍天白雲、更看不到黑夜中的星宿。

不能完全適應的新生活

舊的監獄理論視監禁為對罪犯的「懲罰」，亦是對其他潛在犯罪行為的「阻嚇」，所以牢房除了剝奪自由外，環境惡劣、獄卒粗暴亦有作用。近代的監獄理論卻強調「更生」，認為通過技能培訓、心理輔導、家庭支援才能協助釋囚重建新生。兩種理念在獄中混雜，再加上紙上條例與實際環境的制約，牢房的生活其實亦有內外兩層、矛盾重重、有笑有淚。

12　埋堆：指融入某一群體。

我是全程跟足監獄規則過活的，要適應的事情可能較多；但因為身分特殊，吃的苦頭也可能較少。首先是食物，我從第一天入獄到「出冊」（出獄）之前，每一次打開飯盒都是長嘆一聲。在外面肚餓吃東西時是歡愉的時刻，在獄中進食只是為了生存。第一天在荔枝角收押所吃的是池魚飯，[13] 送飯的獄友問我要否加俗稱「偈油」的芡汁。據說曾蔭權甚怕此魚的腥味，要用白飯和著魚吞下肚。如此聞風喪膽，我便向幾位資深獄友探問。一位說這種無鱗魚最毒，廚房又不清洗內臟，吃得他們周身生瘡。另一位說把吃剩下的魚放在走廊地上，貓兒亦只會跨步穿過而不看一眼。我無從考證這些戲言的真偽，但看著那幾塊池魚確有點倒胃口，便決心「立地信佛」（因提不出健康原因，說「不殺生」又被指不成理由）選擇吃齋，即使被警告，說做了決定不容回心轉意。

　　自此以後，我每早都是吃同一款早餐：木耳加豆類製品如腐竹配飯，所有華人囚犯的午餐都是吃豆粥（紅、綠、黃、眉豆、花生等）加一片麵包，晚餐最常見的是將青豆煮成嘔吐物般的糊狀物體，蓋在發了黃的芥蘭、菜心上再配以粗糙的白飯。其他吃「常餐」[14] 的獄友除了池魚餐外（壁屋監獄的池魚看

13　池魚：廣泛指鯵科魚種。
14　常餐：全日供應、全年不變的餐點。

起來較大條美味），會有纖細的雞翅、豬排和牛肉丸輪替。我一般都把晚餐倒掉（可惜沒有廚餘收集），只吃一顆蛋和一個柳丁，待回牢房的路上再取一杯牛奶、一片葡萄乾麵包宵夜。許多個晚上我被咚咚作響的肚皮吵醒，後來我工資增加，多買了鮮奶餅食；冬天為了增加熱能，亦勉強吃點晚餐，免在寒風中顫抖。

獄中溫度是另一項挑戰。壁屋是「夏暖冬涼」的，我們的牢房在頂樓（三樓），窗戶細小通風不足，夏天傍晚回到牢房中仍非常悶熱。偶爾長官巡查牢房會把窗戶關閉（平時獄友會用電池撐開窗戶通風），曝晒加上溫室效應，房內溫度高達30多度，久久不能散去，我氣得向獄警咆哮投訴。30多人擠在一起的牢房只有六臺電風扇，許多位置無風可達，大家赤裸上身仍汗流浹背，整夜聽到獄友來回踱步，或到廁所取水淋身。我臨出獄前見牢房內已加添了幾臺風扇，希望後來者有覺好睡。

有傳媒報導我因被鋪不足而在寒夜裡顫抖，其實這種情況只發生了幾次。監獄是 5 月 1 日換季，只能穿短袖短褲，大部分毛毯都被所方收回。但壁屋在初夏的晚上仍可下降至十多度，蜷縮在木板床上顫抖，大家都說像露宿街頭，分外淒涼。到了冬天，每個囚犯都有長袖長褲、厚 T 恤、刷毛衞衣和外套各一，但走在路上仍有蕭瑟之感。所方提供每名囚犯兩張毛

毯、兩張合成纖維「藍被」。由於寒氣從薄薄的木板滲透上來，大家都寧願把部分被鋪當床墊使用。因為在獄中沒有柔軟的平面供人坐臥，我屁股很快便長出繭來，所以樂於把較厚的藍被當床墊用。但當氣溫下降至 10 度以下時（壁屋位處山上，一般比市區低 3、4 度），蓋著兩張毛毯仍太過單薄，獄友會把白天的外衣穿上，或想辦法多找一件長袖上衣倒轉當褲穿上。有些獄友說在更凍的牢房，所員會把報紙夾進衣內，晚上轉身嘶嘶作響。但壁屋所方在某個寒夜給每人多發了一張厚毯，雪中送炭，我亦從此睡得安穩。

溫度以外，帶點潔癖的我，要花一點氣力才能適應骯髒的環境。相對於囚犯不斷流動的荔枝角收押所，監獄是囚犯較為穩定的居所，慢慢會發展出一套清洗地方的潛規則。但獄友習慣將垃圾丟在地上，除了我坐的小角落外，餐廳像個亂葬崗。餐廳廁所和廚房洗手檯積聚的廚餘潰爛後發出中人欲嘔的惡臭、牢房蹲式馬桶則遍地菸頭，我經常要屏息靜氣進出這些空間。剛入獄時，我見不少獄友在牢房內抽菸（九成獄友都是菸民），夜半難熬熱浪或者愁緒來襲，在床上又點起菸來。日子久了，出於對我的體諒，他們都陸續跑到吸菸房或廁所抽菸，所以床邊除了紙巾、點心包裝等垃圾外，已沒有菸頭。不過「回南天」（南風天）床板會發臭，地面滿是水漬，整年積累的

汙垢在流動。但最不可思議的是噪音。想像中的牢房只有孤寂，但壁屋全都是集體牢房，除非犯事被鎖入「水記」（禁閉室），才有孤獨的時候。餐廳有四臺電視以最高聲量廣播、工場有機器聲、晚上在牢房內有高聲談話和強勁音樂聲，無一刻安寧。我經常用衛生紙塞著耳孔，但想專心讀書仍是感到困擾。後來我知道獄友最怕安靜下來會胡思亂想，反而喜歡像外面的酒樓和公共交通工具般嘈吵，日子才過得容易，自此我便不再多言。我唯有 5 點多起床，坐在一角享受清晨的寧靜。到了最後幾個月，即使沒有塞著耳朵，我像練就了一個金鐘罩，在餐廳也能安然地讀書寫信寫文章。

最難受處

生活環境惡劣，慢慢適應總能應付。獄中最令囚犯沮喪的，莫過於失去尊嚴和對家人的思念。初進監獄時，我因一些小問題曾被要求站在當值長官的辦公室門外等待問話，其他獄友經過或報以同情或者譏笑。我也看見一些職員無端喝罵獄友，大家唯有面面相覷，低聲咒罵。獄友告訴我，在一些高度戒備的監獄，懲教職員與長期服刑的囚犯反而關係良好；像壁屋這些「白手」（初犯者）牢房，囚犯在兩年內均會釋放（有些長刑期的白手最後服刑階段會在壁屋度過），職員即使再嚴

屬執法，獄友都不敢吭聲。不過一年來我發覺呼喝聲逐漸減少，有些粗暴的職員或者調走、有些變得收斂，希望我離開後仍是如此。

獄中時間過得很慢，但每星期半小時探訪（原則上每月只有兩次，其餘兩次要預先申請）的時間過得特別快。探訪（獄中稱之為「拜山」）前準備了許多話，隔著那片玻璃、提起話筒，交代了一些事務後，餘下的時間無論談哪個話題總是不夠。到職員宣布時間已到時，才記起一些未說的話。我看見獄友在家人拜山之後，有時分外喜悅、有時茫然。拜山最難受的，是看見家人傷心流淚，想加以安慰又時間不容許。我初入獄時看見太太滿眶淚水，幾乎摧毀我以坐牢作為抗爭的意志，幸好她和家人都深明大義，咬著牙關撐到最後一天。我媽媽也曾來探望，此事讓我忐忑不安，讀我的〈抗爭者家人的苦楚〉書簡便知當時情況。最無奈的一次「拜山」，是女兒升讀大學遇上一些問題，當教授的我卻沒法在有限的探訪時間中給她意見。我記得讀韓國民運領袖金大中的獄中書信，[15]其中許多是向兒子推介好書、介紹大學的一些有趣學科如哲學等，以協助他們升學。讀那些信知道他在獄中圖書館查了不少資料，都是我

15　Kim Dae Jung, *Prison Writings* (Berkeley, University of California Press, 1978).

在壁屋所沒有，何況現在許多資料要靠在網上搜索？我只能夠接受我在獄中無能為力，唯有靠家人處理。

疾風勁草、人間有情

入獄後，女兒給我的第一封信結尾時引用一句名言：「從鐵窗外望，有些人看到地上的泥濘，有些人看到天上的星星。」好像甘地、曼德拉、馬丁‧路德‧金、哈維爾、潘霍華、金大中、麥爾坎‧X（Malcolm X）等爭取民主公義的人，坐牢是堅固信念、沉澱思想、磨鍊身心的歷程。在壁屋我繞著那球場跑步，跑了超過 600 公里。在工餘飯後，我如飢似渴地讀了 50 冊書，大家讀〈讀而忘憂：獄中書單〉便可了解獄中讀書的意義和我一些讀後分享。讀書是為己的，但我亦看到其他獄友的需要。有些獄友說我才是真正的 JP（太平紳士[16]），可以為他們伸冤。但我必須承認我沒有像邵家臻那樣無私，在獄中仍繼續為囚犯的權利與所方抗爭。[17] 我想在獄中的日子過得平靜，決

16　太平紳士：Justice of the Peace，源於英國，受政府委任維持地方秩序、處理簡單法律問題的職銜，香港政府頒發此職銜給一些社會賢達，其中一項職能是巡視監獄、接受囚犯投訴。

17　編注：2019 年 4 月邵家臻因參與佔領中環行動而被判刑 8 個月。6 月時因反對《逃犯條例修訂草案》運動加劇，他在獄中指出懲教署對囚權認識不足，開始爭取改善囚權。出獄後，他於 2020 年 12 月創立支援與支持香港囚犯權利的「石牆花」組織，後在 2021 年因受香港時任保安局局長鄧炳強批評「製造特權」，於 9 月宣布解散。

定只為獄友提供一些個人服務。首先是教一些香港獄友英語，一星期上三晚課，先教他們一些實用的單字與會話，再教文法。學生要與外籍獄友談話，然後回來報告，更要作文和測驗。我亦做信件代筆，為大陸獄友（一般是黑工）寫信回家報平安和為外籍獄友寫信到不同政府部門。獄友們申請假釋，我亦協助整理資料和寫求情信。日子下來，他們都對我這個長輩分外尊重，工作上協助外亦避免在我旁邊吸菸。

大多數壁屋職員對我都十分友善。第一天快進入到某房間參加新人輔導時，一位職員輕聲叮囑我先穿上厚衣以免因冷氣著涼、工場的師傅亦一直細心教導我木工技巧。許多職員私底下都稱呼我「教授」，經常和我說聲「加油」並提醒我蓋被加衣。我則會和他們談社會時事，甚至小孩升學事宜。偶然有職員會靜靜告訴我外面警暴的氾濫，也有說：「除下制服，我也是香港人！」即使有職員說與我政治立場不同，對我無怨無悔地「找數」（履行承諾）亦表示尊重。無論日子如何艱難，每天收到來信都讓我精神抖擻。有一個「解悶工廠」[18] 一直把與抗爭相關的新聞與網上貼文寄來給獄中的手足，讓我們稍微貼近社會脈

18　編注：由時任立法會議員朱凱迪的辦事處研究幹事與志工、一批新任民主派區議員等人組成的義工團體，合力整理寄送給在獄中人士的資訊包。2021 年 5 月 21 日，朱凱迪因被指違反國安法，宣布解散其團隊，日後亦不再參政。

搏。我的家人、學生和不少市民一直不離不棄寫信來問候，我經常坐在工場一角反覆地讀著，鼻子便酸起來。太太不辭勞苦，每星期長途跋涉來探訪、送書和其他日用品。因為探訪時間太短，無奈拒絕了許多好友來探望的好意。許多議員和律師則在公務探訪之餘噓寒問暖，亦和我談論外間形勢的變化，我會銘記於心。

有三位朋友陪我太太來探訪，匆匆問候幾句便先離開，好讓我們有更多獨對時間。蔡子強自 2002 年和我一起成立香港民主發展網絡，經過多少高低跌宕，仍是並肩而行。周保松與我在大學共事多年，在獄中讀他的《我們的黃金時代》，只覺歲月悠悠，歷史對我們的抗爭自有公論。蔡東豪是「佔中十死士」之一，因為參與佔中，人生遭逢巨變且受冷言攻擊，他卻豁然面對。他們三位探監所寫的感想亦收錄在此書內。

來探訪的還有陳祖為，四十年好友，在反送中運動期間仗義執言。我有一對朋友總是默默地支持著我為民主而奮鬥。在佔領期間，他們夫妻搬進我家，每天接送我女兒上學、陪伴我太太度過膽戰心驚的日子。我入獄期間，每次都是他們驅車送我太太到壁屋探訪，捱過肝腸寸斷的歲月。費了半生精力，在中國參與建立的公民社會已是搖搖欲墜，在香港爭取的普選仍是遙遙無期。但在這漫漫路上，我遇見許多善良、正直的人

們，讓我不枉此行。謹以此書獻給不離不棄的黃德生、胡羨君夫婦。

本書收錄的 43 封獄中書簡均在《蘋果日報》論壇版發表、然後在《立場新聞》[19] 轉載，感謝兩報給予我書寫的空間。能夠在出獄後馬上結集成書，全賴「進一步出版社」的同事們的鼓勵和提供意見，特別感謝張月鳳的細心編輯和花苑的美術設計。

19　編注：香港《蘋果日報》已於 2021 年 6 月 24 日停刊、網站關閉，其高層被港府以違反《國安法》、詐欺等事由逮捕，資金亦被凍結；《立場新聞》於 2021 年 12 月 29 日遭警方拘捕多名高層、理事等人，資金被凍結，即日停刊、解散，其臉書、官方網站關閉。

2019 年

4月29日
平靜的力量

　　法庭認為我們沒悔意、不道歉，判我們四人[20]即時入獄。我對判詞有許多不同意的地方，但想起甘地要求法庭判他最重的刑罰、曼德拉向律師表示就算判死刑都不求情和美麗島事件的被告在軍事法庭上慷慨就義的神情，我便安然被帶離法庭，知道歷史會還我們公道。

　　在羈留[21]中心度過了兩個晚上，慢慢學習成為一個隨遇而安的獄友。這裡的廁所當然有異味，但臭不過我在中國農村去過的茅廁，蟑螂當然在身旁打轉，但比我毅行山頭時遇到的蟲蟻不會更多。食物倒是一大挑戰，我這個「有信仰沒宗教」的人，為了吃素已變成佛教徒，為的是避開聞風喪膽的「池魚晚餐」。現在每天中午喝到豆粥，晚上有一顆蛋、一顆柳丁、一片葡萄麵包都會慢慢咀嚼，感恩上天賜予食物。

　　邵家臻的情況卻不一樣。第一天只見他上吐下瀉、心跳時

20　編注：戴耀廷、邵家臻、黃浩銘、陳健民。
21　編注：羈留意指廣義的關押。

快時慢，羈留所的醫務人員都細心給他檢查，定時給他打針送藥。我看著他閉目躺在床上做心電圖檢查，感觸良多。我感謝他如此忠於運動、忠於自己，陪伴我們三子同行到尾。我亦欣賞他過人的意志，因為如果我和他一樣百病纏身，我不知還有沒有這種志氣與專制政權鬥爭到底。

那個晚上，我們聽著外面支持者集會的聲音，心裡感激卻亦感到分外的輕鬆。現在不能發表演說、不能開會商議策略，我反而同情在外面的朱牧師，他一定忙於回應傳媒的查詢和在不同場合講話，而我這個被告「班長」終於可以躲在獄中，靜觀萬物變化。

但不管內心如何平靜安穩，家人探望的時刻卻是五味紛陳。為他們帶來如斯痛苦，心裡只有內疚。只希望他們明白這是通向民主必經的窄路，這十字架總要有人背上，而全因為他們深明大義，我才能如此無畏無懼。我視每一天被關在囚牢，都是在控訴這個不義的政權。

陳日君樞機在探望我時，分享了兩段經文。第一段是有關耶穌復活後在海邊施行神蹟，令一群整夜勞苦而毫無收穫的漁民打到一百多條魚；第二段是說耶穌本像被棄置的石頭，最後卻成了「房角石」，亦即基督教會的盤石。究竟看似徒勞無功的雨傘運動會否看見神蹟的黎明？我們這些被體制唾棄的石

頭，會否是為更美好的社會鋪下磚石？

　　我在獄中讀梭羅（Thoreau）的《湖濱散記》（*Walden*）[22] 時學懂了一些事情。當他在 1846 年拒絕交稅，抗議政府的奴隸制度而入獄時，除了他的鄰居，少有人知道他的抗爭。他著名的〈公民抗命〉（Civil Disobedience，公民不服從）一文亦只是在三年後才被印行，對美國奴隸制度的影響可謂微之又微。但他的理念卻深深影響著甘地、馬丁・路德・金和 60 年代一輩的抗爭者，直至雨傘運動。

　　他在《湖濱散記》一書中討論他對現代物質世界的厭惡和對不義政府的反感，但他並無想到以公民抗命去改變現況。他相信只有心靈的轉化才是出路，而寧願在瓦爾登（Walden）的湖邊小屋過著極其簡樸卻又心靈富足的生活，藉此示範平靜生活的力量。他的公民抗命只是拒絕與不義的政府合作，並無奢望改革，他抗稅、入獄和文字的力量都是隨著時間發酵，以和平的力量撼動體制。

22　入獄讀的第一本書是 Henry David Thoreau, *Walden and Civil Disobedience* (New York: Penguin, 1983)。梭羅是第一個提出公民抗命（civil disobedience）的人，他以拒絕交稅繼而入獄的方式，抗議美國政府發動墨西哥戰爭以擴展奴隸制度。重讀著名的〈公民抗命〉一文，鞏固了我抗爭的意志。〈瓦爾登〉（Walden）一文則述說梭羅藉著湖邊簡樸寧靜的生活，批判物欲橫流的現代世界，這有助我安頓於物質匱乏的牢獄，亦相信生活態度可以是一種抗爭。

現在上天將我放進比梭羅倡議的簡樸生活更甚的環境，我心如果能像瓦爾登湖面一樣平靜，或者能將愛與和平的力量折射出來。

5月5日
不增不減　安住當下

　　從鬱熱的荔枝角收押所「過界」（移送）至西貢壁屋監獄，下車時深呼吸一口清涼的空氣。監獄門口，一隻貓兒喵喵在叫，似在告訴我：日子再難，總會度過。

　　現在生活已安頓下來，每日黎明即起，在鳥鳴聲中禪修打坐，然後在牢房內拉筋跑步。七時許匆匆吃過早餐，在震耳欲聾的電視機聲中看一點書便開始工作。我被指派從事木工，在重複單調的動作中，思緒飛到澳洲海邊靜看日出。午飯後有更多閱讀時間，職員們都嘲笑我會讀壞腦。下午工作完畢，便是在球場運動或散步時間，因為我仍未有球鞋，便利用這時段和獄友聊天，聆聽這個煽惑物欲又堵塞流動機會的社會的悲歌。晚餐以後，我在牢房裡教一些獄友英語，然後看信和閱讀。晚上 10 點關燈，我轉頭便睡，一夜無夢。

　　讀著市民的來信，鼻子便酸起來。信裡都說我們為大家承受刑責，而真正煽惑群眾的 831 決定和 87 枚催淚彈卻無從追究。其實，我覺得因為抗命而付出的代價並非最大。假如我是

認命，將假普選當成真普選，我便犧牲了分辨是非的能力，那才是不能承受的代價。

現在我在獄中，四面都是鐵網。通過鐵網外望，是翠綠的山坡和藍天白雲。表面看來，這是被禁錮的肉體仰望浮動的雲朵，兩不相干。事實並非如此。我之生存，有賴米稻蔬果雞蛋，如非天上之浮雲化成雨水滋潤大地，萬物何以生長？再想，我的父母祖先，都是在萬物交集中延續生命，才能生我育我。因此，正如一行禪師所言，「我」是由無數的「非我」組成，就是在千萬年前的一片浮雲也與我生命相連。禪師稱此為「互即互入」[23]，生命的連鎖效應也。

既知如此，佔中三子在 2013 年於佑寧堂宣布展開「讓愛與和平佔領中環」運動，便與其後的百萬名參與雨傘運動的市民的生命連結起來。政府以為用監獄可以羞辱、摧毀我們，實在是愚不可及。只要有四個市民因為戴耀廷、邵家臻、黃浩銘和我入獄而參與 4 月 28 日的反對修訂《逃犯條例》遊行，我們便是以另一形體走上街頭。物質不滅，只是以另一形態存

23　在獄中讀一行禪師《與生命相約》（臺北：橡樹林文化出版，2002）談到「互即互入」（interbeing）的概念，有助我心靈穿越高牆的阻隔。不單相信自己可以另一形態參與外面的抗爭，亦相信家中一些我無法處理的事宜自會有人出手相助。重點是我們了解到萬事萬物互即互入，只要帶著慈悲心拋下一片石頭，在生命的湖泊中便會泛起永恆的漣漪。

在，不增不減。

後面的日子，獄中的我們仍會在不同行動中出現，正如南宋楊萬里的詩句：「千岩不許一泉奔，攔得溪聲處處喧，等到後頭山腳盡，悠然流水出前村。」[24] 只要流水有方向，政府以政治檢控加以阻攔，只會徒勞無功。

監禁的日子並不好過，每天靠一點菜、一碗粥、一顆蛋、一個柳丁和四片麵包維生，其他食物有待適應。鐵窗內對家人的想念和歉疚，才是最大的折磨。只希望他們和我一起學習安於當下，慢慢領會我其實以另一形式和他們結連。

翌日清晨，從牢房走往工場，看見貓兒生了一窩小貓，坐在梁上歇息，監獄職員和獄友們都帶著溫柔的眼神在看。生命中有些東西可以超越眼前的敵我得失，只待我們慢慢領悟。

24　編注：此為唐德剛所著之《晚清七十年》內的引文。楊萬里詩句原文為：「萬山不許一溪奔，攔得溪聲日夜喧，到得前頭山腳盡，堂堂溪水出前村。」

5月10日
社會底層的悲歌

5月1日，監獄換季，獄友換上短袖短褲，天便轉涼。市區是 20℃，在山上的壁屋監獄只有 17℃。一換季便轉涼，他們說是定律，年年如是。過去幾天，無論清早從牢房到工場，或者晚上回去牢房，大家都在淒風苦雨中匍匐而行，很是艱難。

從荔枝角收押所到壁屋監獄，和許多獄友聊過天，聽了不少風雨人生的故事。這裡的大陸囚犯多是打黑工而被判刑，而本地人不少是因為販運毒品而入獄。此中有些人是急功近利、鋌而走險，亦有些是年少無知、被人利用，更有一些是生活所逼、一時糊塗犯錯。

還記得一位獄友因駕車時睡著、闖了紅燈撞傷行人而入獄。我看他鬱鬱寡歡、瑟縮一角，便主動和他閒談。他悲嘆一生埋頭苦幹，為了供車養活妻兒，天天開車十多小時，最終竟然鋃鐺入獄。他在被關押後才檢出自己有嚴重的睡眠呼吸中止症，恍然大悟何以每天醒來都頭重千斤，這亦可能是他在駕駛途中睡著的原因。從他口中我知道交通意外的傷者並無大礙，

便勸他換個角度看此劫難。

假如不是這次意外，他絕對不會在營營役役的生活中停下來去檢查身體，只會一聲不響地在夢中窒息，或者中風癱瘓，或成為另一個因過勞而報銷的星斗市民。如果他能利用這半年的獄中日子鍛煉身體、休養生息，這將是他送給家人最好的禮物。上天有時要你蒙難，為的是要你避過更大的劫，問題是你能否領悟。談到這裡，我見他熱淚盈眶，唯有打住。翌日清晨，我如常起床打坐，見他面容放鬆，努力在做運動，大家點頭微笑，心領神會。

我也遇過一個中年獄友。作為樓奴，[25] 任職經紀的此君在工餘為客戶做快遞賺點外快，但在威逼利誘下捲入販毒，面臨近20年的監禁。晴天霹靂，他在羈留所度過許多無眠的晚上，短短數月體重下降幾十磅。[26] 經過一番「抗辯與否」的掙扎，他最終決定認罪和與警方合作，不求水落石出，但求大幅減刑，盡快重獲新生。

聽了許多同類故事，深感底層社會的生活血漬斑斑。就算那些為賺快錢而犯法的個案，不少亦是年輕人在物欲橫流的社會抵受不了豪宅、名車、美食廣告的轟炸而迷失自己。社會學

25　樓奴：因居住問題而影響人生自由、選擇，被房產問題限制與影響生活品質的人。
26　1 磅 = 0.45 公斤。

家莫頓（Robert Merton）認為資本主義社會不斷鼓吹財富成功的指標，卻沒有為全體市民提供充分的渠道去達到目標。部分沒法通過認可的手段（父蔭、教育、專業等）致富的人，唯有利用越軌方式達到目的。我們花費大量資源建立警隊、法庭、監獄去禁制這些越軌行為，但我們花了多少氣力去開拓更多渠道讓青年人可透過努力在地產霸權下仍能安居樂業？我們這個經濟社會在不斷刺激消費的同時，能否讓人想像在豪宅、名車以外的豐盛生活？

我看著獄友們使勁地抽菸，好像都沒法填滿內心的空洞。但當我看著他們安靜地給家人寫信或者看著家人照片時臉上散發的亮光，覺得囚犯都是有血有肉有感情的常人，只是在種種因素干擾下，沒法掌控自己的命運。

現在每個晚上，我都會抽空教一些獄友英文，希望有助他們出獄後開展新生活，亦希望藉此向他們介紹不同文化的生活。他們都興高采烈，說千金難買教授來補習。班上有一位青年，原屬青城派 [27] 的勇武 [28] 本土（激進的香港本土主義派），現在一笑泯恩仇，早上都過來叫聲「老師」。我看他能寫詩作曲、

27　青城派：《香港城邦論》作者陳雲的追隨者被稱為青城派，這與陳雲經常以神化的道術語言攻擊政敵有關。

28　勇武：Valiant，意為英勇、勇敢。2014 年香港雨傘革命後，自非建制派中興起，以激進方式爭取民主的派別。

用心思索社會和政治問題，假如有天時地利人和，他或許是能坐在大學講堂上我的課。我見過香港一些御用學人嘲笑臺灣人困於「小確幸」的世界、欠缺大陸的發展大戰略。我倒希望，我眼前這些年輕人領悟到簡單生活的幸福，這世上有許多快樂是千金難買的。但我們的政府能否讓每個人都安居樂業，再有空間去選擇自己的生活？

5月19日
掌權者的喊聲

林鄭說批評中國法制不全、反對送中惡法的言論都是廢話，[29] 那段話比我眼前以綠豆煮成糊狀的晚餐噁心百倍。

這位說自己在天堂已留了位的天主教徒，既在上帝面前不懂謙卑，又怎能期望她對著蟻民不狂莽？這麼多年來，我們只見過她在習總跟前溫柔敦厚。她是否真的視國家主席為政治偶像無從得知，但對著主子言聽計從卻是路人皆見。這些「有所求」的政客犀利的地方是會不斷催眠自己的良知，即使知道送中惡法禍港殃民，卻會說服自己，由她操刀總好過由689[30]之流來執行，至少香港不會死得太過慘烈。

---

29 〈反駁有指《逃犯條例》刻意剔除內地　怕內地法制　林鄭：全屬「廢話」〉，立場新聞，2019.05.09：「特首林鄭月娥出席今早（9 日）立法會行政長官答問大會時，表示回歸前通過的《逃犯條例》不適用於內地並非刻意安排，亦不是怕回歸後的法制，更部分人聲稱避免影響順利交接，她形容此等言論全屬『廢話』，對於有議員提到外國政府對修訂的看法，指出中美現時正在貿易戰上角力，有必要維護香港利益。」（編按：《立場新聞》已於 2021 年 12 月 29 日停刊、解散、官方網站關閉，本書編輯時補充引用資料之《立場新聞》報導原址已全數遺失。）
30 689：2012 年香港特別行政區行政長官選舉，時任香港行政長官梁振英以 689 票當選第四屆行政長官，後衍生為對梁振英的負面稱呼。

在如斯情勢下，獄中的「更生服務」工作人員為我評估「再次犯事」的風險時，真是有點哭笑不得。在填寫評估問卷時，有幾條真是考起我來。其中一題是：「法律是公平的嗎？」且不去討論左翼對司法的批評（如財富在打官司的作用），單以目前香港的司法狀況來討論，我都不能贊成法律是公平的。

要知道通過法律的立法會並非全由民選產生，法律如何呈現民意？現實是法律是由行政機關制定的，因為法案都是由政府提交。而由於有功能團體議席，政府幾乎可確定得到建制派的支持（除非政府提出損害建制利益的法案）通過立法會一關。既然特首是由 1,200 人的親建制小圈子選出，她會提出損害建制利益的法案的機會微乎其微。

以《逃犯條例》修訂為例，政府為求商界立法會議員支持法案，不惜刪除九項可引渡的罪行。[31] 這種法律怎可叫做公平？更何況人大常委有解釋《基本法》[32] 的最終權力，無論對法律的憲法基礎有何爭議，最終仍是一個沒有民意基礎的人大常委說了算，法律自然可以被利用作為對異己的打壓工具。因此，即使我們有普通法、即使我們有司法獨立，沒有民主作為平衡，

31　刪除九項可引渡的罪行：包含破產、公司、證券、知識產權、環境汙染、貨物進出口、電腦、關稅、虛假商品說明等經濟犯罪。〈逃犯條例修訂　剔除破產、稅務、版權、商品說明等九類罪行　政府否認傾斜商界〉，立場新聞，2019.03.26。
32　《中華人民共和國香港特別行政區基本法》。

法律可變成社會控制工具，而不能平等制約政府與公民的權力，達至法治。

另一題令我難以回答的，是我們應否跟隨大多數人的決定？民主既是「少數服從多數」，作為一個倡議民主的人士，為何我要對此感到遲疑？這是涉及「大多數人的暴力」的爭論。[33]

民主的最基本原則是政治平等，「少數服從多數」只是其操作原理。假如大多數人壟斷了一切決策，利用其多數優勢去壓迫少數人，這種民主對少數群體來說並沒達到政治平等。因此，民主制度必須受到憲法約束。先要將每個公民（包括少數群體）的基本權利（如言論自由）確定下來，不能因一時的「大多數人的決定」便剝奪這些權利。如果不涉及基本權利（如社會福利支出增減），政府可遵從少數服從多數原則作決定（民主政府便是得到多數人授權去執行某些社會政策）；但當涉及到基本的權利（如修改憲法），決策的模式往往是由少數人行使「否決權」來把關。一般要求議會三分之二通過，其實是讓三分一議席去捍衛少數人的權利不受「大多數人的暴力」侵犯。

有關防止大多數人的暴力仍有許多可討論的地方，但香港

---

33 有關民主是「少數服從多數」與及「尊重少數人的權利」的「兩難」，很難在這樣簡短的書信中解釋。有興趣深入了解的讀者可參考 Jack Lively, *Democracy* (Oxford: Blackwell, 1975), pp. 8-29。

的立法機關因為不是由全民選出，在直選中取得多數授權的議員往往在立法會中變成少數。如果在政府強行立法的情況下，林鄭叫議員承擔「憲制責任」，建制派呼籲民主派議員「回歸理性」、「尊重多數」，乖乖地坐在原位等待宰割，那是虛偽的極致。

近日是回南天，獄中的餐廳地面都是水漬、睡床的木板發出臭味。但想起民主派在議會要面對林鄭和建制派大放厥詞，我倒覺得待在獄中較為幸運。朱牧師送來《聖經》，我先讀我最喜歡的《傳道書》，其中第9章17節說：「寧可聽智慧人安靜的話語，不聽掌權者在愚昧人中的喊聲。」

5月26日
如鹿切慕溪水

　　將文人關進牢房，以為可以摧毀他的意志，是多麼愚蠢的想法。只要有書為伴，再惡劣的環境，我心靈都感到滿足。

　　記得在耶魯讀書時，為了應付博士資格考，我每天騎著單車到圖書館看書。一年下來啃了近百本名著，那是難忘的時光。但20多年的教授生涯，忙於教學、研究、開會和社會參與，反而沒法隨心所欲去看書。心底其實像在草原終日奔跑的野鹿，切慕到溪邊喝水，將書架上的書本讀透。現在進到監獄，每天飯後均有許多閱讀時間，一個月下來，我讀完了《晚清七十年》五冊、《百年追求》三冊、梭羅的《湖濱散記》與《公民抗命》、一行禪師的《與生命相約》和社會學祖宗韋伯（Max Weber）的傳記。讀著讀著，春去夏來，日子並不難過。

　　在這些書中，讀到我熱血沸騰的，要算是講述臺灣民主運動的《百年追求》。[34] 讀完後我在書末寫上「驚心動魄」四字。

34　《百年追求：臺灣民主運動故事》（新北市：衛城出版，2013）共有三卷。卷一是
　　陳翠蓮著《自治的夢想》，細說日治時期臺灣民眾追求自治的歷程，這一波民主運

這故事由卷一陳翠蓮著的《自治的夢想》開始，講述臺灣人早在日治時期已積極爭取民主，1921年開始向日本國會請願，要求容許臺灣成立自己的議會。但當時日本推動的是「同化政策」，認為臺灣人應努力學習成為日本人，在完全同化後參與日本本土的議會選舉，而非成立臺灣議會。因此，「自治」的主張與「臺獨」無異，必須斷然拒絕。

但臺灣人鍥而不捨成立社團和出版報刊推動改革，以商人林獻堂帶領的「臺灣文化協會」影響力最大。協會在發行會報之外，於各地成立讀報社，讓民眾吸收本土及外界資訊。後來更開辦各種講習會，讓民眾學習歷史、法律、政治以至公共衛生知識。當時臺灣文盲率超過九成，不少知識分子願意投身推動文化運動，宣揚人文主義。其中一位推手蔡培火先生指出，文化運動便是人格運動，要喚起民眾的自覺，使其人格不受束縛、不被壓制，不再逆來順受、麻木不仁。在這種思潮底下，文化協會亦由服務少數知識分子轉而深入民間舉辦演講會，所到之處萬頭攢動。政府則視之為散播歪風，鎮壓一觸即發，其

動以啟蒙為主；卷二是吳乃德著《自由的挫敗》，記錄國民黨白色恐怖下臺灣民眾爭取民主的血淚史，這一波民主運動主要環繞成立反對黨；卷三是胡慧玲《民主的浪潮》，主要討論「美麗島事件」後臺灣如何轉型成為一個民主自由的社會。（衛城出版的《百年追求》已絕版，後改由春山出版於2020再版，三冊更名為《自治之夢》、《臺灣最好的時刻》及《臺灣之春》）我讀後在書末寫上「驚心動魄」四字，深深敬佩臺灣人對民主公義的執著。

中以「治警事件」影響最大。

　　事緣蔣渭水、石煥長等人繞過臺灣總督府到東京組成政治團體，推動「議會請願運動」，於 1923 年底共 41 人被捕，震動全臺。被告每次上庭，清晨 5 點前，群眾便在法院外排隊輪候旁聽票。經過漫長的審訊與上訴，最終 13 人被判違反治安警察法，入獄 3 到 4 個月，民眾於是為被告舉辦「入監惜別會」，令抗爭者聲譽鵲起，對運動推波助瀾。其中一位入獄者認為：「這次事件是社會運動史上的第一座高峰，越過了山峰，平原自然就在面前了。」我彷彿在讀戴耀廷的獄中書簡。

　　經過民間多番的爭取，日本政府終於容許臺灣於 1935 年舉辦第一次地方自治選舉（而非全臺的議會），選出市、街、庄議會議員。這是一次不公平的選舉，不單只有半數議席由民選產生，而且選民必須是繳納相當稅額的公民，令一些選區日本選民比臺灣人更多。雖然對這種半桶水民主不滿，臺灣人仍組成地方自治聯盟，派出多名律師、醫生背景的候選人參選。自此，臺灣民主人士未放棄過以參選來挑戰專制，甚至付出高昂的代價來保護其人格不受束縛。筆者將以另文再述。

　　讀這卷書的最深感受，是臺灣人熱愛自己的土地。即使這些日治時期的留學生、商人、專業人士、報人和知識分子都可以當順民而安居樂業，卻寧願喚醒島民而抗爭。直到國民黨到

臺後，他們仍在白色恐怖下捨棄自己的自由甚至生命去爭取民主，是真正如鹿切慕溪水。臺灣人配得民主！

6月8日
抗爭者家人的苦楚

太太說母親要來探監，讓我非常緊張。我記得學聯（香港專上學生聯會）的周永康和我說過，他坐牢的時候最難受便是看見媽媽在探訪時流淚，令他幾乎情緒失控。我母親和我關係很親密，自小讚我溫順有禮，目睹我勤工儉學，努力當了教授卻最終鋃鐺入獄。80多歲的她，看著我穿著囚衣，是否承受得了？

爭取民主是要澈底改變權力的分配方式。要爭取普選特首和立法會，對中共來說與奪權無異，必定全力反撲。爭取普選的人要有付出沉重代價的決心，但家人未必完全理解，要承受各樣困擾，不足為外人道。

我讀《百年追求》卷二《自由的挫敗》和卷三《民主的浪潮》，所以驚心動魄，不單是讀到國民黨在二二八事件如何奸詐與殘暴，看到年輕人像燈蛾撲火，以肉身與獨裁者同歸於盡卻徒勞無功。我特別留意到這些抗爭者的家人承受的痛楚。像何春

木，[35] 參選臺中市長時，女兒在國小讀三年級，老師在課上要求學生表態支持對象，其他同學都舉手支持國民黨候選人，他女兒是唯一沒有舉手的，可是因怕老師責罵，也不敢舉手支持自己父親。此事成為女兒長期的創傷，多年不能釋懷。

不過，談到創傷，誰能與林義雄[36]的家人相比？1979 年末《美麗島》雜誌社同人因在世界人權日舉辦集會，被軍警施放催淚彈驅散，隨之而來是對黨外民主人士的大搜捕。被捕者許多都經歷酷刑逼供，上腳鏈、吃鹽水飯、罰跪、毆打、不准睡覺。林義雄當年在看守所連續十天被拳打腳踢、用香菸炙臉燒鬍子。更慘絕人寰的是，他被拘留期間，有凶徒在政府監視下進入他的家中，將他的母親、一對孿生女殺死，只有他的大女兒身受重傷逃出鬼門關。這宗滅門案令同案的施明德悲慟至放棄自辯，向軍事法庭求處死刑以控訴不義的政權。

林宅血案傷痛猶在，又發生「陳文成命案」。[37] 陳文成於 1978 年取得密西根大學博士學位，獲聘為卡內基美隆大學統計系助理教授，前途一片光明。但因為批評國民黨和在美籌款支

35　有關何春木的故事見《百年追求》卷二《自由的挫敗》（新北市：衛城出版，2013），頁 140-142。

36　有關林義雄的故事見《百年追求》卷三《民主的浪潮》（新北市：衛城出版，2013），頁 177-183。

37　有關陳文成的故事，見《百年追求》卷三《民主的浪潮》（新北市：衛城出版，2013），頁 197-202。

援《美麗島》雜誌，在 1981 年帶著太太和未滿週歲的孩子回臺探親時，被警總傳召。次日清晨，陳文成的屍體被人發現棄置在臺大附近，身旁的鞋子裡塞了一張百元紙鈔的「腳尾錢」——劊子手行刑後把錢塞在死者腳下，留給搬運屍體的人。

即使警方推說陳文成是「畏罪自殺」，但他的父親目睹兒子的屍體滿布傷痕，很清楚是曾被用刑虐待。他自此蒐集資料，向各單位請願、印發傳單分發報社、巡迴美國演講、拜訪美國議員。最後卡內基美隆大學派學者到臺調查死因、美國眾議院就此舉辦聽證會並敦促臺灣解嚴。陳爸爸每次演講都是談「阿成的故事」——一個孝順的兒子、體貼的丈夫、有前途的學者，如何無辜被殺。政府當然覺得他在唱衰國家，但這是一個父親最卑微的報仇。

我當然沒有告訴母親這些故事，反正香港仍未壞到臺灣白色恐怖時期的地步，如果要嚴刑逼供，都會將來用《引渡條例》送回大陸進行。如果 6 月 9 日[38] 大家都吝嗇時間不上街抗議，這些日子便愈來愈近。

探訪室的門打開，我深呼吸一口氣後踏進房間。隔著玻璃看見媽媽坐在太太和弟弟中間。我們閒談獄中瑣碎事和家中的

38　指的是 2019 年 6 月 9 日香港的「守護香港反送中」大遊行。

情況，只見弟弟抱著媽媽肩膊，他自己卻一直流淚。我囑咐媽媽不用擔心，她卻說：「男人大丈夫，敢作敢為！」大家都為她的豁達爆笑起來。弟弟說母親和我樣貌相像，穿件褐色囚衣便可代我坐牢，大家又大笑一輪。只期望香港不要再沉淪下去，民主人士的家人毋須付出更高的代價。

6月11日
觸動道德的底線

　　星期日應該是我安靜寫作和給家人寫信的日子，但6月9日那天，我卻忐忑不安，一個字也寫不出來。一方面引頸以待在電視上見到遊行的畫面，另一方面想到即使有幾十萬人上街，這個麻木不仁的政府只會視而不見。反送中運動何以為繼？

　　在此情勢下，難得見到一向對政治小心翼翼的教會亦按捺不住。宣道會發聲明表示「當行善者，也懼怕政府之施政，施政者宜反躬自省是否已達公義原則」，浸信會更直指《逃犯條例》修訂是邪惡，如果我們禁聲，便是其共犯！顯然，政府的所作所為已經觸動道德的底線。

　　一直以來，在爭取民主的路上，我遇到許多「行公義、好憐憫，存謙卑的心與上帝同行」的基督徒，但主流教會的立場卻是遠離政治，有些更是盲目持守「信服掌權者」的教導，對中國和特區政府違反人權的舉措噤若寒蟬，與我見到臺灣長老會如何實踐基督信仰差距何止千里？

根據《百年追求》卷三所述，在國民黨高壓統治下的瘖啞年代，第一個以組織名義向世界傳達臺灣人民心聲的，是長老會[39]在 70 年代發表的三次公開聲明。他們清楚提出「人權既是上帝所賜予，人民有權利決定他們自己的命運」，並要求改選中央民意代表和使臺灣成為一個新而獨立的國家。發表這些聲明之前，總幹事高俊明牧師和幾個執事都先寫好遺書，交代萬一遭遇政治迫害，大家都應基於信仰，繼續奮鬥。

　　1979 年美麗島事件爆發，政府對黨外民主領袖進行大搜捕，施明德逃亡。他先找上聖經公會出版幹事趙振貳牧師，再轉至路德會吳文牧師家暫避，最終找上高俊明牧師。起初高牧師擔心自己作為總幹事的身分，萬一出事會連累長老會 16 萬信徒。但當助理施瑞雲提醒他若施明德被捕將要面對死刑，他猛然醒覺基督徒要愛護患難困苦的人，必須勇往直前，便將施明德帶到喀爾文神學院林文珍院長家。林文珍上有高堂、下有兩名幼子，還有一名智障弟弟，全家靠她一人撐持。但在祈禱之後，她毅然決定將施明德藏於家中。可惜國民黨眼線廣布，幾星期後一干人等全被抓捕。

　　1980 年「藏匿施明德案」開審，高俊明在庭上自辯說明是

39　有關長老會在臺灣的政治參與，見《百年追求》卷三《民主的浪潮》（新北市：衛城出版，2013），頁 26-28、153-156、186-188。

基於信仰良心幫助施明德，而他亦被同案被告沒有出賣施明德所展現的勇氣和愛心所感動，所以他說：「這些人的刑罰，我仍樂意負擔。我願付出我的生命和財產，來負起其他九個人的刑罰。」最終，高俊明牧師被判入獄7年，其餘被告被判2至5年。

大家可以不認同長老教會對政治問題的立場，但誰能否定他們的信仰良心和勇氣？當一個政權在摧毀法治、踐踏人權的時候，已是超越政治立場，而是在挑戰道德底線。臺灣如是，香港如是。一個有真誠信仰的群體怎能只躲在教堂祈禱然後平平安安回家？

我欣然見到香港教會打破沉默，即使這政府充耳不聞，發聲者最重要是對得住自己的信仰良心！

6月22日
放下‧走得更遠

　　獄中餐廳的餐桌是我閱讀和寫作的地方。最近香港因《送中條例》弄到沸沸揚揚,這裡即使有高牆阻隔,仍容不下一張平靜的「書桌」。心情起伏不定,最想做的是到球場跑步。

　　許多來信都關心我是否已購得運動鞋。上個月第一次發薪水,是兩星期的工資,有 60 多港幣。我花了一半工資買了一雙平價帆布鞋,其餘便買了兩罐牛奶、一包餅乾、一本相簿和兩張郵票。

　　蔡東豪來信說買跑鞋是最有價值的投資,「傾家蕩產」都要買。我知道他因為支持佔中曾受威嚇,在最身不由己的日子是靠跑步走出低谷。我生活在這監獄,不單所有窗戶都上了鐵條,連玻璃都不透明,看不到藍天,亦看不到星星。每天的作息都要循規蹈矩,走路時排成一排而行,不准談話等等。對於一個自由主義者,活在這樣幽暗規訓的世界,精神折磨可想而知。但跑步的時候,我看到蒼翠的遠山,我感受到空氣從面頰流過,我體驗一步一自由。

入獄之前，我參加了跑步班的一次特別聚會。教練馬拉 Joe 曾當傳道人和社工，後成為了全職長跑教練，本來已是不平凡的經歷。但當跑班愈來愈多學員時，他卻毅然放下一切，要和太太留日兩年，學習日本人對跑步的專注和投入。那天我們幾十位學員本要送他禮物與他餞行，誰知教練竟帶了他過往所有馬拉松獎牌，一塊一塊地送給每個學員，勉勵各人「忘記背後，努力面前，向著標竿直跑」。

　　教練這種「放下」的精神感染每一個學員。班上一位先生本是大肥佬，重 105 公斤，去年 6 月和女兒聊天，女兒天真地說：「爸爸不要太早死去。」他自此放棄以往生活方式，矢志節食和跑步。經過多番磨練，他體重下降至 80 公斤，並在我入獄前三天在日本長野完成他人生第一次馬拉松，時間竟然在四小時以內！我收到此一消息，心裡非常激動，因為我還記得他憶述女兒的「溫馨提示」時，雙目含淚，哽咽良久。後來這師兄又傳來口訊，說希望將這塊意義重大的「初馬」獎牌送給我，為我們的運動打氣！

　　現在政府弄到焦頭爛額，和林鄭剛愎自用的性格有關，也和支撐這種獨裁管治的制度有關。林鄭和北京看見 DQ 議員（因

宣誓無效而被褫奪資格的議員）、一地兩檢[40]、明日大嶼[41]都不興波瀾，以為只要閉上耳目，以防暴警察作後盾，《送中條例》亦同樣可以硬通過。誰知《聖經》詩篇第七篇早已寫著：「他掘了坑，掘得太深，竟掉在自己所掘的陷阱裡。」

林鄭也好，習近平也好，他們都是在掘坑。陳日君樞機在探望我的時候，我問他為何掘坑太深會出事。他說內心邪惡、掘得太過分的時候，連自己站著的泥土都會鬆動，結果連人帶泥掉下去。我看見許多商人和過往政治冷感的市民這次都起來反對政府，就知道物極必反，林鄭如何摧毀自己的統治基礎。

《魔戒》以擁有強大能力的戒指暗喻權力與地位，小說中只有清心的哈比人才能戴上戒指而不入魔。林鄭如此執著權位，恐怕她活在禮賓府內比我在獄中更不自由。若她真要繼續服務市民，她應先放下往日狂妄的自我。我最希望她能到太古廣場外放下一束菊花悼念犧牲了性命的青年，如此她的人生才會走得更遠。

40　一地兩檢：連結中國廣東省廣州市、深圳市和香港特別行政區的廣深港高速鐵路，欲採取大陸租借香港西九龍高鐵站特定區塊設立出入境關口，如此一來，從大陸搭高鐵入境香港者，可在這個已在香港境內的大陸海關辦理「離境」。此措施涉及香港是否應該租借土地給大陸作出入境關口，以及大陸執法人員在香港的執法權、執法範圍問題。

41　明日大嶼：林鄭月娥於 2018 年年度施政報告提出的大嶼山發展計畫，預計分階段填海興建人工島，引起環境保育與土地利用的爭議。

7月1日
以生回報死

得知另一位青年以死明志反送中，心如刀割。

莊子在〈應帝王〉[42]篇說，國君依憑己意制定法度，就如同在大海裡鑿河，使蚊蟲負山一樣。在〈則陽〉篇，他說古時人君把所得歸功於人民，把所失歸咎於自己，如果有一個人因施政而喪失了生命，應退而自責。

林鄭龜縮在禮賓府內接見權貴時說：「好多人以為我死了，但我不會死得去。」[43] 有何自責之意？這是一個麻木不仁的政府，年輕人不要再以死控訴。我們要以生去踐行公義，才能對

42　在獄中讀陳鼓應《莊子今註今譯》（香港：中華書局，2012）有「深根寧極」之感。莊子以明靜的心境觀照萬物，莫若以明。氣象魁宏如巨鵬展翅，卻又嚮往「不材之木」能避過匠人斬伐而終其天年。我雖然遭逢劫難，卻對莊子這種明哲保身的哲理不以為然。不過放回春秋戰國的脈絡，便能理解莊子主張絕聖棄智、小國寡民的道理。中國文人有「邦有道則仕，邦無道可卷而懷之」的氣派，憑孔孟學說孕育治國平天下精神，但韜光養晦則有賴老莊思想；兩者兼備，中國文人便能遊刃有餘於政治與藝術世界之間。我這次並無如邵家臻般在獄中延續抗爭，是自知身心俱疲，想藉此機緣在山上讀書跑步，靜觀世事變化，對莊子的人生境界更是嚮往。

43　編注：林鄭月娥於 2019 年 6 月 27 日與香港友好協進會、警察評議會職方協會等成員十餘人會面，強調自己獲中央支持不會貿然辭職、會支持港警、不會成立獨立調查委員會調查警方對反修例示威者使用武力的情況、會起訴參與 612 警民衝突的示威者。〈林鄭：一定不辭職 免添中央麻煩〉，《香港經濟日報》，2019.06.28。

得住逝去的抗爭者。

對逝者的追思，化為推動變革的動力，從真空法師的經歷可見。她是在 1967 年 5 月 16 日決志要傾一生之力結束越南的苦難。因為那一天她的摯友為了呼籲南北越停戰而自焚。當年未出家的真空法師名叫高玉鳳，時年 29 歲。

讀《真愛的功課》[44]知道高玉鳳在南越長大，大學時已組織義工在貧民區服務。通過一行禪師的開導，信仰入世佛教，直面人類的痛苦、堅持說真話，帶著慎重的態度進行社會批判。當時越南內戰，美國支持的南越政府與共產黨控制的北越連年戰鬥，死傷相枕，平民百姓承受巨大的痛苦。一些南越僧人呼籲雙方停火，卻被政府視為共產黨人，橫加鎮壓，積極推動和平運動的一行禪師最終亦要流亡海外。

高玉鳳在那段動盪的歲月，目睹許多僧人為了鼓吹和平而犧牲。1963 年，數千名年輕人上街爭取宗教自由，當局出動坦克車鎮壓，8 人被輾斃。6 月 13 日，高玉鳳騎著摩托車經過市區一個路口，目睹了震撼越南歷史的一幕——廣德長老為宗教自由而自焚。她看到這位老僧人勇敢平和地安坐，全身著火卻定靜不動，圍觀者都在痛哭，當街跪拜。那一刻，她發下深

44　真空法師，《真愛的功課：追隨一行禪師五十年》（臺北：法鼓文化，2012）。有關一枝梅的自焚故事見頁 142-154。

誓，效法廣德長者，要溫和美善地為尊重人權而服務。

同年 8 月，多位僧人相繼自焚，希望以生命來打動鐵石心腸的當權者，但當局拘捕更多僧人，令抗爭的任務落到學生身上。在一次遊行中，警察向示威者開火，16 歲學生郭詩月死於槍下，人民更感恐懼、絕望。但在眾多犧牲者中，摯友一枝梅的捨身成仁對高玉鳳影響至深。

出身富裕家庭的一枝梅與高玉鳳是最早一批追隨一行禪師的青年。她平日語調充滿慈愛，天真和智慧。起初她對政府指控一行禪師為共產黨人感到疑慮，但通過協助戰爭帶來的赤貧家庭便明白禪師的心志，竟向高玉鳳提議以集體剖腹來呼籲和平。但流亡海外的一行禪師堅決反對她們如此犧牲生命，認為應以最大的毅力建立好「青年社會服務學院」，推動更多青年服務困苦的人群。

一枝梅沉默下來，一段日子後更缺席了正念修習。突然有一天，她全身盛裝帶著親手烘製的蛋糕，和高玉鳳及其他同仁分享。過了兩天，一枝梅便在慈嚴寺外自焚。原來她失蹤三星期是去了陪伴父母以盡孝道，在自焚之前，她在自己面前放了聖母瑪利亞和觀音菩薩像，呼籲天主教徒和佛教徒為和平同心協力，體驗耶穌的愛和佛陀的慈悲。

高玉鳳傷心欲絕，卻感到摯友的愛和爭取人權和平的承諾

在她身上重生。她自此跟隨一行禪師在國際上呼籲結束越戰。在 70 年代中越戰結束後，目睹新政權踐踏人權，他們一方面推動各國向越共施壓，另一方面籌款協助越南的貧困家庭和政治犯家屬。當越南難民投奔怒海的時候，高玉鳳組織船隻親自出海救援。最後她剃度成為真空法師，與一行禪師在法國建立了梅村，以禪修正念協助無數人轉化自身，在躁動不穩和物欲橫流的世代，做到「穩固如山，美如鮮花」。

這些年來，真空法師同樣經歷沮喪和憤怒，她是通過「行禪」，安定自己情緒後才決定下一步行動，她以生回報摯友的死。我希望香港的年輕人也能這樣，讓逝者的理想重生。

7月7日
萬山不許一溪奔

　　入獄至今收到幾百封市民來信。每天職員發信時，獄友都語帶羨慕說：「人間有情呀！」他們見我拿著信，獨坐一角細讀，良久不能與人談話。

　　許多市民都說不會讓我們白白坐牢，而會以投入「反送中運動」來回應我們的感召。有大陸的少年背著父母用英語寫的信來支持港人爭取公義，亦有臺灣青年寄來臺東海邊景色的明信片，讓我在牢房內看到藍天白雲。

　　最難得是好友陳祖為教授從普林斯頓大學寄來余英時教授的贈詩，那是南宋楊萬里的七絕〈萬山不許一溪奔〉。當年胡適先生甚喜此詩，正像描繪他推動新文化運動遇到重重挫折卻不失信心。我亦曾在獄中書簡〈不增不減　安住當下〉中引用此詩，和余教授心意相通，是因為彼此對歷史的走向未失信心。

在獄中讀余教授的《歷史與思想》[45]，感受到這位大儒治學嚴謹卻不失經世致用。余教授生於戰亂，少受私塾教育，顛沛流離，輾轉至哈佛大學完成博士學位。此書成於 1976 年，收錄他自 1958 年起一系列討論中國思想發展與歷史演變的文章，但都似在回應當時中國各種走入歧途的思潮。他對自五四運動以來那種澈底反傳統、反儒家的主張不以為然，認為儒家在歷史上被當權者用法家和黃老思想扭曲，以支撐「君尊臣卑」的體制。余教授試圖還原儒家「庶民議政」、以「道統」制衡「政統」的精神。

相信是有感於中國在 1957 年反右運動以至文化大革命出現的反智傾向，本書亦追索「反智論」的歷史根源，特別是在宋明理學中有關「尊德性」（著重內觀）和「道問學」（著重讀書）的爭論。為了反駁共產主義的唯物歷史觀，他在書中介紹柯靈烏（R. G. Collingwood）的歷史哲學，點出思想對歷史演變的作用。本書包含一篇很精采的〈工業文明之精神基礎〉，以社會學家韋伯的進路分析宗教的解放如何令物質文明興起和為工業革命鋪路。這些文章顯然是對應在中共意識形態箝制下的「黨八股」學術主張。

45　余英時，《歷史與思想》（臺北：聯經出版公司，1976）。

我離開大學教席後開始讀史，是要追索今天中國專制政治的歷史和思想根源。但我將此廣闊的議題收窄在兩個具體的領域——何以中國難以生成公民社會和公共知識分子群體？這種獨立自主的社會和思想領域的難產不單是學術問題，更是實在地影響著我們今天的公共生活。

「君尊臣卑」、不許「庶人議政」，發展至今天習近平禁止「妄議中央」，有賴中國士人窩囊性格的配合。我聽過一位復旦大學教授談「中國知識分子參政」，說那些批評政府的「自由派」和身居人大政協（中國人民代表大會及人民政治協商會議）、在體制內參政議政的學者都是極少數，其餘的都是和他一樣，沒什麼政治主張，願意為政府出謀獻策。他說不要少看這批沒甚主張的學者，因為他們是絕大多數。他殷切期待政府及早立法，提供渠道讓他們參政議政，中國便能走向民主。他批評香港民主運動超越法律規範，是違背民主精神。一聽便知他完全不認識歷史上許多民主都是靠體制外的衝擊而誕生的。

我們且不要譏笑這些大陸學者的無知。近年我見香港有些學者在討論普選問題時，只懂計算抗爭帶來多少金錢損失；有些則總是把問題歸咎於反對派勾結外國勢力、危害國家安全；有些貌似獨立，但只要中央變臉便馬上退避三舍，完全忘記「士當弘毅，任重而道遠」。

幸好香港和臺灣在某種歷史機緣下已孕育出獨立的公共知識分子群體，一股清流，以「道統」制衡「治統」，余英時教授便是重建這種傳統的先行者。90高齡，遙寄古詩勉勵，我在獄中讀到，怎不淚下？

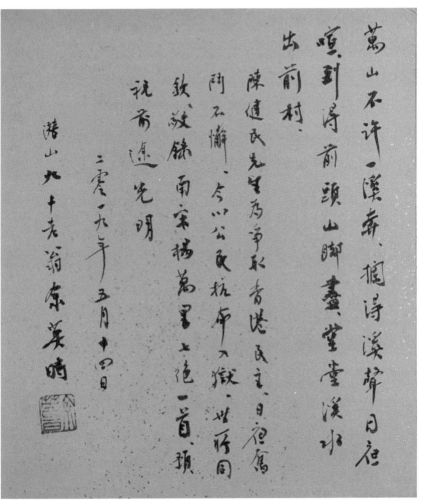

余英時教授寫於 2019 年 5 月 14 日之贈詩：「『萬山不許一溪奔，攔得溪聲日夜喧。到得前頭山腳盡，堂堂溪水出前村。』陳健民先生為爭取香港民主，日夜奮鬥不懈，今以公民抗命入獄，世所同欽。敬錄南宋楊萬里七絕一首，預祝前途光明。」落款「潛山九十老翁余英時」。

7月14日
悲觀是懦弱

　　在獄中每天都有兩次長官巡視，事前都有當值職員提醒我們好好準備。首先是收拾工場，然後各人穿好制服，一字排開等待長官檢閱。長官步入工場，當值職員會大叫「有投訴可現在提出」，跟著示意囚犯齊呼「Morning, Sir」或者「Afternoon, Sir」。三個月來，我聽到獄友各種怨言，但從來沒有人在長官或太平紳士巡視時提出。大家都明白到這只是一場戲，坐監便要配合演出。

　　在牢房外面，當然沒有配合政府各種表演的道理。林鄭要和學生對話，學生覺得訴求夠具體了，為何要參與這種公關表演？但員佐級協會[46]卻勸市民對「隻揪警員[47]」有何不滿，可向警察投訴科投訴；梁定邦則認為充斥撐警成員的監警會[48]可就6

46　香港警察隊員佐級協會。
47　隻揪警員：隻揪意為「單挑」。此指 2019 年 7 月 7 日晚間，九龍區大遊行結束清場時，一員警於旺角滙豐總行前對普通香港市民爆粗口、要求和市民單挑。後續此名員警的個人資料、照片等皆被網民肉搜公開。
48　獨立監察警方處理投訴委員會。

月 12 日警民衝突進行調查，恐怕大家都覺得這是自說自話的虛詞。羅范椒芬說如有高官「自願」問責下臺「未嘗不是好事」，提醒我們高官問責制如同志願組織，去留隨意。社會衝突蔓延，政府能夠提出的制度改革，便只是讓超級富二代領導的青年事務委員會吸納更多失去上流機會的青年[49]。當網絡社會已孕育出「無大臺[50]」的「如水抗爭[51]」，政府還繼續搭建 80 年代「行政吸納政治[52]」的舞臺，且期望大眾陪她賣力演出！

今天的青年已看得很清楚，這臺戲已毫無意義，因為舊有制度的認受性已澈底崩潰。什麼是認受性（Legitimacy，又譯

49　編注：青年事務委員被指委員平均年齡過高，無法理解青年心聲，且成員多為政界新星或富二代，例如華人置業集團的劉鳴煒、立法會主席梁君彥的兒子梁宏正、前國泰航空公司高層楊孝華的兒子楊哲安等。後推出「青年委員自薦試行計畫」提供香港 18-35 歲的青年更多議政參政機會，但因自薦的委員名單經過多輪篩選，被指淪為「精英俱樂部」，不重視基層弱勢青年。參考：吳東偉，〈諮詢委任受質疑　為何總是富二代？〉，香港 01，2019.10.30。

50　無大臺：指沒有中心領導者或領導機構。

51　如水抗爭：由來於李小龍名言「Be water」，意為靈活不受形式拘束，聚集和散去皆如水。

52　行政吸納政治：以行政系統承擔政治功能，藉此抑制並消解精英和社會大眾的政治意識和參與衝動。先由權威政府或政治精英壟斷政治決策，接著滿足經濟精英和知識精英等其他社會精英的經濟利益或需求，「最後通過『諮詢』等方式安撫或平息非精英大眾的不滿和反抗」。參考：吳增定，〈行政的歸行政，政治的歸政治〉，《二十一世紀評論》，總第 74 期，2002 年 12 月號，頁 16。

正當性、合法性)？用我老師胡安‧林茲（Juan Linz）[53] 的話：即使現有的制度千瘡百孔，比起其他政治制度仍是最值得支持。今天的年輕人，誰會覺得小圈子的特首選委會和立法會的功能議席有認受性？立法會既沒有全民授權，泛民如要遵守《議事規則》、「理性」討論和投那必輸的票，便是與制度暴力合謀。沒有民主，公民沒有義務去遵守強行通過的法律，更無義務去守護立法機關的玻璃。特首為何在競選期間民望低於對手卻反而當選？[54] 為何她上任至今不斷加劇社會裂痕仍沾沾自喜？百萬人上街為何她仍夠膽強推《送中條例》？以死明志的年輕人看得很透澈──這個政府不會回應訴求，因為它不是民主產生，唯有革命是出路。但香港哪有革命的條件？看起來反送中運動的歸宿必須回到傘運的雙普選訴求。

1956 年匈牙利革命推翻匈牙利共產黨，蘇聯揮軍直入布達佩斯。1968 年捷克自由化改革，蘇聯坦克直搗布拉格，宣布

53　胡安‧林茲教授是我在耶魯大學讀博士時的老師，是該校的 Sterling Professor of Sociology and Political Science，亦是民主化的理論大師。他著名的研究包括極權主義（totalitarianism）與專制主義（authoritarianism）的分別、總統制與議會制的優劣、民主轉型與社會條件等。他的為人與學問見陳健民、蔡子強合著，《民主的小故事與大道理》（香港：上書局，2008），頁 190-195 及陳健民著《抗命的倫理》（香港：花千樹，2015），頁 88-93。

54　編注：〈香港特首選舉〉得票最高但民望最低 女特首林鄭月娥一上任就有三大困局待解〉，風傳媒，2017.03.26。提及林鄭月娥的票「幾乎都是來自親中的『建制派』」。

「春天」的結束。因此，即使波蘭團結工會在 1980 年罷工成功、氣勢如虹，吸收了匈牙利和捷克慘痛的教訓，唯有強抑革命的衝動，與天主教會聯手迫使政府進行經濟改革。團結工會看起來非常自我克制，但從來沒有放棄追求自治和民主。目睹蘇聯由戈巴契夫（Mikhail Gorbachev）領導後實行自由化政策，工會於 1989 年參加波蘭國會一個局部的選舉，結果幾乎贏了所有議席，波蘭共產黨全軍覆沒，黯然下臺。蘇聯既不干預，波蘭便和平轉型成為東歐第一個民主國家。

這次反送中運動雖未竟全功，更失去四條寶貴的生命，但畢竟已煞停惡法，給傲慢的政府一記耳光。運動更引發全球對香港人權狀況的關注，逆轉了臺灣大選局勢，亦令許多人走出傘後的無力感。但我觀察到當權者沒有真誠的懺悔，他們不單不輕易退讓，還在伺機民意逆轉時進行反噬。至於民主改革，除非中共倒臺或者出現一個中國戈巴契夫才會有希望。在這漫長的抗爭中，希望年輕人知所進退，不輕言絕望。

《平凡的邪惡》[55]的作者漢娜・鄂蘭（Hannah Arendt）的丈夫海因里希・布呂歇（Heinrich Blücher）是一個述而不作、滿有智慧的知識分子。他們活在德國納粹時期，最終流亡海外，一直思考公民在亂世的責任。他說活在那個世代，「悲觀是懦弱，但樂觀卻是愚蠢」[56]。我想我們亦是活在一個考驗勇氣和智慧的時代。

55　漢娜・鄂蘭寫的《平凡的邪惡》（臺北：玉山社，2013）是一部極具爭議的作品。當時已流亡到美國當教授的鄂蘭是以《紐約客雜誌》（New Yorker）記者的身分，到耶路撒冷採訪對二次大戰納粹集中營屠殺猶太人的指揮官艾希曼的大審。當猶太人熱切渴望她寫出這個大魔頭的猙獰面目時，她卻描寫艾希曼為一個平庸木訥的官僚，只懂忠誠執行法律和指令，胸懷職業道德而無社會公義。此外，鄂蘭亦批判猶太人組織在納粹時期成為大屠殺的幫凶。猶太人批評鄂蘭被艾希曼狡滑的證供愚弄、為劊子手洗白。但此書其實對極權社會下那些逃避道德責任、一味以守法為由成為獨裁者的幫凶的普通人提出批判，讓我們看見邪惡是由無數平凡的個人合謀而成。

56　在獄中讀了 Elisabeth Young-Bruehl, *Hannah Arendt: For Love of the World* (New Haven: Yale University Press, 2004) 才知道漢娜・鄂蘭的丈夫海因里希・布呂歇是在德國柏林出生，一個來自工人階級自學成材的知識分子，他述而不作卻最終在美國一間博雅大學當老師。他的原話是：「Pessimists are cowards and optimists are fools.」（見頁 136）。

7月21日
沒有時鐘的世界

初進監牢之時，其中一樣令我詫異的事情是到處都沒有時鐘。在工場搬木板，不知搬到什麼時候才會去吃飯。在餐廳累了，不准躺臥在椅上，卻不知要等多久才能回牢房休息。在牢房裡睡了，夢中醒來，不知今夕何年。好幾次我梳洗後在做早操，發覺獄友無絲毫動靜，想必仍是半夜，便上床再睡。

我問獄友們何以牢房無鐘？有說是為了精神折磨囚犯，有說是保安理由，防止囚犯裡應外合約定時間逃獄。我請教一位資深囚犯，他喃喃自語說：「在牢房時間過得很快，日子過得很慢。」叫我慢慢體會。

歐洲人在 16 世紀中葉以前對數字的概念並不深刻，人們往往不清楚自己的年齡，對時間就更不求精確。19 世紀末的韋伯[57]目睹德國工作倫理隨著工業化澈底改變，人們講求效率，便要有精準的時間觀念。他覺得班傑明・富蘭克林（Benjamin

---

[57] 韋伯提出「工具理性」（instrumental rationality）的概念，指出盲目追求效率是現代社會的特性，因此衍生出科層組織（bureaucracy）如鐵籠一般控制著我們的生活。

Franklin）那句「時間便是金錢」最能反映時代精神。即是說在現代化以前，時間是可以浪蕩的。

我少年時渾渾沌沌，經常在徙置區[58]騎樓發呆，看白雲飄蕩，日子過得很慢。當了教授後，教研工作繁忙，還當兩個研究中心主任。大學以外，更組織學者研討、寫方案、發聲明推動政制改革。午飯時多是一面吃便當、一面寫論政文章。在香港以外，我走遍神州大地，演講、出雜誌、搞基金會推動公民社會。因為出任廣州某大學的客座教授，我經常在中文大學授課後，匆匆跳上火車，過了羅湖關口，第一時間趕上往廣州的和諧號火車，吃個便餐，下車後便乘計程車直接去到該大學的教室，一直教到晚上 9 點。學生下課仍會圍著討論問題，近 10 點才能拖著疲累的身軀回到大學賓館，往往會有 NGO 的朋友在那裡等待促膝談心。

因為分秒必爭，我在火車和飛機上都會拚命閱讀和寫作。有一回在直達車上，突然發覺沒有帶上任何書本，唯有在座位上發呆。那是久違了的經驗，我嘗試一秒一秒地數算時間如何溜走，發覺每秒鐘的長度和我平時的感覺很不一樣。還有一次，我去臺北開會，當地一位好友先帶我到貓空喝茶。我們稍

58　徙置區：二戰過後為解決遷入香港的人口壓力，避免房屋違建發生火災意外而興建的出租公共房屋。

微安頓，他便跑到鄰座與人聊天。我待了一會兒感到有點不耐煩，便到處走走，看見許多人就這樣無所事事，閒在心頭看小孩玩耍。茶館老闆是位退休教授，正在竹叢中挖筍。我喜歡竹的清雅，亦愛筍的爽甜，就停下來看他小心翼翼地用鋤頭鬆開泥土，再割下竹筍。我把竹筍捧在手中細看，覺得時光分外甘甜。

開了幾天會議後，主辦方把我們帶到法鼓山，從山腳沿著溪流往上漫步，聽到流水與鳥兒合唱。走到大殿前一個水池，看到幾百顆藍綠色的鵝卵石在水影中晃動，心也清澈起來。一路上，一位學者不斷與人討論學術問題。到了山頂，她向我提出幾個公民社會的疑難，我卻勸她放眼遠處的海岸線，呼吸一下沒有學問的空氣。我很欣賞法鼓山這條步道，讓我學習活在當下。過去十年，我是靠這樣為自己生活「留白」，才能帶著平和的心境投入抗爭。

初入監獄，要適應嚴苛的規訓、骯髒的環境和惡劣的食物已不容易。看著日曆等待家人探訪，時間就更像凝固了一樣。我看見床板上曾有囚犯用筆劃上「正」字數算日子，分外心酸。現在我學曉了首先要掉開日曆，注目於每天從閱讀中得到的心靈滿足；在搬運木板時，我留心在鍛煉哪部分的肌肉；「放風」時，我細察飄過的每片雲朵，回味少年；晚上聽著香港電臺的

古典音樂徐徐入睡，感覺頗是幸福。突然間，我明白只要活在當下，每天的時間可以過得很快；如果我盯著終點倒數，日子會過得很慢！

最近我已知道用什麼方法查探時間（工場職員用的電話有顯示時間），但明白了那資深獄友的格言後，這事已變得無關重要。現在我就像浮游在時間的海洋上，明白到用力掙扎反而會被暗湧吞噬。我不如視坐監為人生的留白，像不繫之舟般放輕身段，載浮載沉間，讓潮水送回彼岸。

7月28日
香港人慘過坐監

　　雖然在獄中只看 TVB，但那些白衣人喪心病狂打乘客的零星片段 [59]，已令我怒火中燒，破口大罵黑社會無人性、黑警無恥。獄友雖然都覺得這種無差別恐襲人神共憤，但畢竟他們大多有黑道背景，部分亦曾收錢「反佔中」，對著他們咒罵黑社會亦有點尷尬。

　　我突然感到非常孤獨，幸好還有市民的來信和議員的探訪，讓我勉強感受到社會的脈搏。很感謝泛民議員，他們從議會抗爭到街頭，疲憊不堪，仍顧念著我。尹兆堅被警棍打到瘀血未散、林卓廷剛剛縫好針便來慰問，令我分外慚愧。市民被悲憤和恐懼日夜煎熬，寢食難安，卻仍關心我炎夏能否入睡，身體是否安好，令我感動不已。

　　近來常有酷熱警告，牢房在頂樓，黃昏回牢房時如走進蒸爐。同房有 30 多人，只有 6 支電風扇，有一半位置吹不到。

59　編注：此指發生於 2019 年 7 月 21 日至 22 日的「元朗襲擊事件」，大批穿白衣、手持木棒的暴徒衝進元朗地鐵站，無差別地攻擊市民。

我雖是幸運的另一半，但聽到獄友在床上輾轉反側的聲音，心有不安。以冷水淋身是唯一降溫之道，但彷彿回到當年徙置區管制用水的日子，要樓下關了水龍頭，樓上才有水供應。而即使赤身露體，夜半醒來，仍是滿身是汗。幸好我在兩年前已停用冷氣作為入獄的準備，現在算是適應過來。

許多人來信說擔心我吃得太少。由於選了素食，我的確吃得清淡。早餐一般是雲耳、腐竹加上蔬菜，頗合口味，所以亦會吃碗白飯。中午是一碗豆粥加兩片麵包，得過且過。晚餐亦是吃豆，一般是將青豆煮成嘔吐物狀蓋在發黃了的蔬菜上，我是連米飯一起放棄。幸好還有一顆蛋、一個柳丁和一片葡萄麵包充飢。獄友都說如果能有一個煎蛋加點豉油便很滿足，我卻想到洋葱炒蛋或菜脯炒蛋更是不錯。現實是這些「美食」都是奢侈品，只會在飢腸轆轆的夢中出現。但日子久了，我已不再被食物困擾。我發覺每晚七點後不再進食，讓腸胃休息 12 小時，反而覺得很舒暢。

最奇妙的是我多年來的鼻子過敏像在一夜間消失了。以往我打噴嚏打到地動山搖、人畜躲避，現在大家都可平靜度日。我百思不得其解，但想出三個可能性：第一是這裡位處西貢，空氣清新。但中文大學的空氣亦是很好啊！第二是監獄沒有冷氣，但我入監前亦已停用冷氣啊！第三亦是最有可能的原因，

是壓力減少了。

坐牢反而少了壓力？是的！我看見市民來信都說被這個麻木不仁、顛倒是非的政府和殘暴成性、為虎作倀的警察弄到異常激憤、徹夜難眠。他們亦痛心青年以死相搏，為無止境的衝突憂心忡忡。我看見來訪的議員不單是疲於奔命，更是無法掌控事態的發展，只能成為警民衝突的緩衝。和幾位年輕律師開會後，我問他們如何面對這樣的時勢。他們都感嘆兩百萬人都無法撼動這個體制，除了移民，不知有何出路。

我待在獄中，看不到網路上的訊息，書信往來的時差亦令我無可能回應時事，壓力反而低了。看見一個人的狂妄自大弄至血流遍地，許多人會和我一樣想法：如果天堂為林鄭留了位[60]，我就寧願下到地獄。問題是在地獄一定會遇見何君堯[61]！香港人可以逃去哪裡？說來荒謬，我在獄中倒有喘息的空間。哀哉港人！

60　「林鄭月娥（Carrie Lam）認為天堂會有自己的位置。『因為我一直做好事，』她說。」參見：凱瑞（Carrie Gracie），〈林鄭月娥：「我不是北京手中的木偶」〉，BBC，2017.06.21。

61　編注：何君堯為建制派立法會議員、律師，於 2017 年 9 月 17 日金鐘發起的集會「革走戴耀廷吶喊大會」上，在曾樹和發言稱針對「搞港獨」人士「我們必須要殺」時，附和「無赦」，後被民主派議員連署譴責，其母校皇仁書院的學生於同月示威時，在校門口高喊「何君堯落（下）地獄」。參見：〈港議員「港獨殺無赦」言論引起社會譁然〉，德國之聲，2017.09.21；〈【9.2 罷課】皇仁學生校友戴頭盔豬嘴　百人校外喊「光復香港」「何君堯落地獄」〉，立場新聞，2019.09.02。

8月4日
如何讓年輕人少流點血？

「除非是由於政治制度上的錯誤，否則人和人不會成為敵人。」美國革命家潘因（Thomas Paine）如是說。

許多朋友都對反送中運動的走向憂心忡忡，對和理非如何回應時勢感到迷惘，亦擔心年輕人隨時損命，更不知衝突何時終結。「這只是開始。」我殘酷地回答。他們同代人已犧牲了五條生命，黑社會像拿了「不反對通知書[62]」般在元朗打人，這個政權殘暴的本質已在日光之下。林鄭繼續躲在習近平身後等待反撲，抗爭者自然將憤怒對準用警棍維護政權的警察，視之為敵人。香港已無法回到從前。

在勇武抗爭不斷升級的時候，和理非如何自處是一大難題。甘地是絕對的和平主義者，他的宗教信念反對傷害他人，更相信沒有人能掌握絕對的真理，故無權以暴力將自己的信念加諸他人身上。歷史上基督教和伊斯蘭教都試過用暴力鏟除異

62　不反對通知書：Letter of No Objection，香港政府針對遊行集會申請表達「不反對」的文書，表示該活動未被禁止。

端，結果引發敵人更深的仇恨。他認為只有非暴力的抗爭才能轉化人心。在「採鹽長征」中，面對警察用帶有金屬頭的長棍攔阻時，抗爭者卻安靜地前行，結果被打到頭破血流，卻喚起了國際的關注並向英國政府施壓。

馬丁・路德・金（Martin Luther King）在爭取美國黑人平權時亦有相同信念。他故意選擇賽爾碼（Selma）作為運動的起點，是因為當地的警務署長有「蠻牛」之稱，喜歡濫用暴力。為了凸顯美國南部政府的殘暴，引發全國的同情並向聯邦政府施壓，必須打不還手。但並非所有抗爭者都同意這種和平的方法，麥爾坎・X[63]和黑豹[64]等組織就鼓吹武裝起義，兩條路線有相當分歧。

63　在獄中讀了Alex Haley, *The Autobiography of Malcolm X* (New York: Ballantine Books, 2015) 想了解上世紀50、60年代美國黑人民權運動在馬丁・路德・金的「和理非」公民抗命以外，麥爾坎・X是如何發展出勇武行動。從他的自傳中見到麥爾坎・X的童年飽受種族歧視的苦楚：父親被種族主義者謀殺、母親無力撫養成群孤兒而精神崩潰，最終家庭破碎令他在寄養家庭中長大。雖然麥爾坎・X天資聰敏，在校名列前茅，老師卻嘲笑他想當律師的夢想。最終他在毒品、搶劫為生中度日而鋃鐺入獄。他是在獄中信仰了激進伊斯蘭教派伊斯蘭民族（Nation of Islam），相信所有白人都是魔鬼。他在獄中亦潛心學習，每夜讀書至清晨4點。出獄後成為出色的演說家，鼓吹無底線（by any means necessary）抗爭。跟據當時一個民調顯示，馬丁・路德・金獲得四分之三民眾支持而麥爾坎・X的支持度只有6%（頁425），但這種勇武抗爭卻造成巨大的社會衝擊。麥爾坎・X在被槍殺前思想出現了重大變化。他到參加朝聖時與來自世界各地包括白人的信眾席地而睡、俯仰穹蒼的時候，突然領悟到信仰可以超越膚色，白人也有善良的人。他轉而認為白人在美國犯下的是一種「集體性罪惡」，個別白人仍可參與消滅種族歧視。

64　黑豹黨：1966-1982年間，由非裔美國人組成，主要目的為促進美國黑人民權的政黨，認為黑人有更積極的防衛權利，不排除於過程中使用武力。

曼德拉（Nelson Mandela）雖曾推動非暴力公民抗命（焚燒通行證[65]），但並非像甘地般的和平主義者。他目睹南非警察對著背部開槍、屠殺撤退中的示威群眾後，轉向勇武抗爭，組織「非洲之矛」武裝攻擊政府設施。經過 20 多年勇武抗爭之後，他發覺無論是政府或反對力量均無法消滅對方，在觀察到政府有改革的跡象時，遂提出對話談判。可見他是審時度勢，靈活採用不同策略。

我讀過南韓反對派領袖金大中的獄中書簡，可能因為政治審查的原因，他沒多寫對大學生在延世大學和明洞教堂外以汽油彈與軍警對抗的看法。信中見到他是一位非常虔誠的基督徒，不知他對暴力抗爭有否疑慮。但他本人經歷過被軍政府綁架、身上牽上大石準備要被投入大海時，美軍在空中用大燈照射，劊子手才臨崖勒馬。金大中的和平與堅毅反而凸顯軍人暴力的懦弱。

臺灣在上世紀 60、70 年代亦有不少青年進行勇武抗爭並作出重大犧牲。根據《百年追求》記載，1960 年有幾十個青年在雲林計畫搶劫軍營武器，佔領電臺，事敗後組織者被判無期徒刑，最終坐了 15 年牢後釋放。此後 10 年，類似的祕密起義

65　編注：1960 年，施行種族隔離政策的南非政府強制 16 歲以上的非白人必須隨身攜帶通行證，未攜帶者經查獲隨時可被逮捕。

不絕如縷，其中陸軍官校學生江炳興在策畫時已被捕判刑 10 年。在獄中他仍繼續組織革命，並在越獄時殺死一名衛兵，事敗被判死刑。1970 年蔣經國訪美，遭一位臺灣留美社會學博士生黃文雄開槍刺殺不遂。黃最後棄保潛逃，過了 25 年地下流亡生涯。此後臺灣勇武抗爭式微，與黨外勢力能整合民間力量和國民黨順應時勢逐步開放有關。

　　寫這麼多與和理非齊頭並進的勇武抗爭，是希望大家明白這是民主運動的常態。這些勇武抗爭增加了獨裁管治的成本甚至當權者的人身風險，但他們自己卻付出沉重的代價，令人傷感。要避免香港年輕人繼續流血，最澈底的方法是政府順應時勢進行改革。而一天改革仍未發生，信奉和理非的港人應下更大決心去推動非暴力抗爭。只要和理非有足夠力量，則年輕人甚至警察都可少流一點血！

8月11日
謊言的紅利

　　林鄭開記者會說民眾的抗爭已經變質，現在首要問題是「止亂制暴」，否則沒有條件解決社會矛盾。一位獄友聽後跳了起來，先爆一句粗口，再說：「妳搞到香港一鑊泡（一塌糊塗），家話（現在說）人搞亂香港？簡直本末倒置！」

　　連每天看 TVB 的獄友，目睹百萬市民和平上街都得不到政府回應，怎能說服他們沒有勇武抗爭，政府便會解決問題？現在稍微頭腦清醒的人，都會覺得當權者的講話，拆開每個字都能明白，合成一句便不似人話。譬如林鄭說示威者損毀國徽，「全城憤慨」，究竟她是否在我城生活？葉國謙和葉劉淑儀更厲害，他們掌握到外部勢力在背後指揮抗爭的證據：示威者懂得向受不合作運動影響的市民鞠躬道歉和大量使用 Telegram 和 AirDrop ！

　　你會懷疑說這些話的人究竟屬不屬於這個星球。其實，他們知道自己在說大話，亦知道我們知道他們在說大話，但他們好像只關心在說謊的時候，不要像林鄭般不斷眨眼。

我還記得 2017 年特首選舉時，葉劉淑儀到高教界拜票。席間我對她在傘運期間說「有那麼多物資，一定是受外部勢力資助」表示不滿。她回應說早前到醫療界拜票時，有醫生向她作出相同的指謫，因為有許多醫務人員都是出錢出力在現場提供援助。她承認自己當時未能完全掌握情況，所以作出魯莽的評論。5 年之後的今天，為什麼她再次作出同樣無知的評論？她是在蠱惑人心還是在催眠自己？

　　都不是！耶魯大學人類學家詹姆斯・斯科特（James Scott）研究「文化霸權」[66] 時，認為統治者說一大堆官話、套話，表面上是要宣傳官方的意識形態，希望民眾接受現存的體制，亦即是權力與資源的分配方式。但事實上民眾不是那麼愚蠢，因為每天生活的實際經驗都足以破解這些謊言。斯科特說統治者見人民抗爭，都喜歡說是受西方有毒思想影響，而不知道官方自己那套論述陳義過高，談什麼「人民當家作主」，已為抗爭者提供了足夠的思想武器。以香港為例，什麼一國兩制、港人治

66　斯科特是耶魯大學人類學系和政治學教授。我曾旁聽他農業社會的課和得他對博士論文提供意見。他寫的 *The Moral Economy of the Peasants, Domination and the Arts of Resistance* 等書對我影響尤深。這裡引用他 *Weapons of the Weak: Everyday Forms of Peasant Resistance*（New Haven, Yale University Press, 1980）一書中的觀點，對葛蘭西（Gramsci）的文化霸權（hegemony）作出批判。葛蘭西認為統治者不單利用軍警維持既得利益，還會通過教會、學校、法庭等建構一種合理化現狀的論述（或稱之為意識形態），但斯科特認為民眾表面唯唯諾諾，實質非常清醒地看見生常生活中各種壓迫，亦不輕易被意識形態欺騙。

港、高度自治、高官問責制等官方話語，已足以用來批判現狀的墮落。

那為什麼官員明知謊話騙不了人還要繼續講呢？斯科特的答案是：他們根本不是說給人民聽！這套官話只是讓官員表達對當權者的忠誠，以達致執政力量的內部團結。中國滿街的標語、《人民日報》的標題、領導的講話與人民日常的生活與用語是兩不相干的。政府亦樂見這種平行時空的形式，人民對政治日漸疏離，埋首賺錢和消費。但在中國，操作一套「外部勢力亡我之心不死」的話語，還有重大的利益在驅動。

中國每年花以千億元計維穩費，部門要爭取這些資源、官員要爭取升職，都是靠尋找「敵對勢力」而立功，而敵人是愈多愈好。部門間競爭，要有表現，不能單靠監視、刺探、收集情報等伎倆，還要加上抹黑、栽贓才能「湊夠數」。不是說西方沒有間諜或資金在中國和香港運作，但單靠真實的敵人數量是養不起這麼龐大的維穩系統。因此，必須製造更多「外部勢力」的敵人，這是謊言的紅利。

梁振英亂港期間，挖盡心思在大學刊物中查找港獨的證

據，亦通過「旺角暴動[67]」向中央證明香港情況有多險峻，目的是想中央支持他的強硬路線，繼續套取政治紅利。林鄭在記者招待會中特別要提醒中央（並非我們）抗爭者用上「光復香港、時代革命」之句，是呼應張曉明定義抗爭為「顏色革命[68]」，最終是要保住自己權位。

我把這些分析告訴那位對著電視機講粗口的獄友，他聽後一臉茫然。其實我還想補充一句：這些政客衰過古惑仔（比流氓還壞）！

67　旺角暴動：又稱「魚蛋革命」、「旺角騷亂」等，發生於 2016 年 2 月 8 日至 9 日，香港食物環境衛生署與警察驅趕旺角販賣熟食的小販時受到抵抗，後爆發警民衝突。時任香港特首梁振英將之定調為「暴亂」。

68　顏色革命：泛指透過非暴力方式進行的政權變更運動。參考：〈張曉明指港局勢具「顏色革命」特徵　民主派批為鎮壓合理化〉，自由亞洲電臺，2019.08.07。

8月18日
亂邦不居

　　讀了一位中學生從美國的來信，被深深觸動。她父母見香港每下愈況，去年舉家移民，只有 16 歲的她卻心生內疚。她一直記著梁天琦[69]入獄前的一段話：「去或留故然是許多人面臨的抉擇。但假使香港人，特別年輕一代，都不再留戀香港，退居其他地方，香港的未來也就從此有了定數。相反，我們只有扎根這片土地，這裡才有改變的可能，香港也不再是座浮城。」

　　她喜愛香港的俚語、掃街（街頭巷尾）的美食和港人的團結。身在他鄉，在 6 月那個晚上，她隔著時差的螢幕，看著催淚彈射入人群中，徹夜難眠，流淚痛哭。看見同代人在抗爭，她感到擔憂卻又無奈無力。

　　這種花果飄零之苦，過去百年，許多人曾默默承受。譬如日治時期的臺灣，商人林獻堂每年用一半收入去資助「臺灣議會請願運動」，要求日本准許臺灣成立民選議會。他亦是臺灣

69　梁天琦：前「本土民主前線」發言人，主張香港獨立運動，提出「光復香港，時代革命」口號。因參與旺角騷亂而被控暴動、煽惑、襲警罪而入獄。

文化協會的主要金主，通過出版、讀報、講習啟迪民智，爭取自治；雖屢遭挫折，亦被同路人攻擊，仍勉力維持。1927年文化協會演化成民眾黨（最近柯文哲以同名建黨），林獻堂出任顧問，但其後因反對該黨走向「階級解放」路線而黯然退出。

日本戰敗，林獻堂是少數被蔣介石邀請前往南京出席受降典禮的臺灣代表。但當臺灣人熱烈期望國民黨東渡接管時，換來的卻是澈底的失望。國民黨派往臺灣的陳儀政府貪汙腐化、重用外省人、排斥日治時期的本土反對力量、打壓自治的訴求，最後更出現二二八屠殺事件。警備總部整理的「二二八事件叛逆名冊」，竟將林獻堂排名第一。

1949年，國民黨在大陸戰敗，全面撤退至臺灣之前，林獻堂已意興闌珊，以養病為由離臺赴日。蔣介石為穩住局勢，積極籠絡本土士紳，多次派要員遊說歸臺，所得的回覆是：「危邦不入，亂邦不居，是聖人教訓。」[70] 林獻堂一生為臺灣鞠躬盡

---

70 所謂聖人教訓是指《論語》中孔子說：「篤信好學，守死善道。危邦不入，亂邦不居。天下有道則見，無道則隱。邦有道，貧且賤焉，恥也；邦無道，富且貴焉，恥也。」每讀這段話都感慨良多。林先生一生為臺灣的民主鞠躬盡瘁，晚年退隱日本既是心安理得，亦可避免被國民黨利用以粉飾白色恐怖。今天中國和香港已是天下無道，讀書人應否如林獻堂般退隱？但如果讀書人只見於天下有道，誰來匡扶正義、力挽狂瀾？2001年自由亞洲電臺採訪劉曉波，他說：「這種六四精英的大面積逃亡，是造成六四後中國民間政治反對運動持續低潮的一個重大原

痊，最後卻寧願望鄉不歸，客死日本。

　　但說到亂邦不居，又如何比得上 1949 年的中國呢？國民黨敗退的時候，除了帶走黃金數百萬兩和故宮的珍寶以外，許多人都不知道還有個「搶運學人」計畫。第一個被這計畫帶離北京的是胡適，而緊隨他上機的是陳寅恪。但到了南京之後，陳寅恪並無跟隨國民黨撤退臺灣，而是去了廣州出任嶺南大學歷史系教授，這是多麼出人意表的決定！

　　陳寅恪世代書香，在哈佛大學取得博士學位，通曉多國語言和古文字，曾被牛津大學延聘為教授。他推崇「自由之思想，獨立之精神」，選擇留下，並非因為信奉共產主義，而是一種「與華夏文化共浮沉」的心志，覺得必須活在孕育這文化的土地上。加上當時他因病失明，有更深的落葉歸根之感。

　　其後他的遭遇可在《陳寅恪的最後 20 年》[71] 讀到，都是在多次政治運動中備受批判和凌辱。幸虧他有超然的學術地位、

因。政府的高層只是一種外在的東西，而民眾心中的道德英雄、道德形象的坍塌對普通民眾、廣大運動參與者造成的是一種內在的、發自內心深處的失望，他們有一種被耍弄的感覺。這種多年積累起來的，這麼大的道德資源，這麼快便被揮霍光了，這是特別令人痛心的。」劉曉波勇敢地選擇留下，他獲頒諾貝爾和平獎卻又換來「死無葬身之地」，令人何其唏噓？

71　陸鍵東，《陳寅恪的最後 20 年》（北京：生活・讀書・新知三聯書店，1995）。細說一代史學名家陳寅恪，如何在中共統治下度過清苦甚至屈辱的最後歲月。學界一直盼他以淵博的學問和魁宏的視野寫出中國的文化或思想史，但他用力最深的，卻是研究兩位出落凡塵、遺世獨立的女子。《論再生緣》和《柳如是別傳》，均是以詩證史，展示陳寅恪嚴謹獨特的治史方法，亦寄作者憂傷之情。

失明加上斷腿，才能迴避政治活動，默默地寫出了《論再生緣》和《柳如是別傳》，以詩證史，寄憂傷之情。相反，胡適旅居美國，做了一些無大意義的考證研究。他雖鼓吹臺灣要成立新政黨卻無全力以赴。最後回臺出任中研院院長，在一次宴會中猝死。

這些人物，面對歷史的轉折，或去或留，都有合理之處。亂邦不居，但生於亂世卻有種責任。就像寫信給我的中學生，說她在網上聽了我的「最後一課」，最觸動之處是我引用梵谷年輕時老師勉勵他要順性地去做自己堅信為正確的事，才不枉此生。她打算升大學時報讀社會學，希望能了解社會更深，「日後能助香港踏上民主之路，哪怕是細微的一臂之力。」讀後讓我感慨萬千。

8月25日
刨木聯想對話平臺

　　佔中案審訊期間，我和戴耀廷在被告欄（被告席）上曾討論一個問題：坐牢時希望做什麼工作？戴說希望做廚房，順道學做菜。我卻想做木工，希望學點工藝。坐在旁邊的懲教署職員一直咬緊嘴脣忍著笑。

　　宣判前我去澳洲探望女兒並慶祝生日。女兒的監護人曾在香港當教授，現於當地政府從事城市規劃。我看他經常動手打理後園，閒來與一群義工在鐵路兩旁種植美化，又經常到沙漠保護綠洲。他因我可能入獄而憤憤不平，卻在生日會上送上一盒德國製的木刻刀，祝我早日「學成歸來」。另一位朋友是女兒德文老師的丈夫，從事首飾打造，每次我見他全神貫注地工作，敬意油然而生。他可以在餐桌上和我月旦政事，但我卻沒有他那靈巧的雙手。在這生日會上，他說公民抗命既觸犯法律，法官可以判我有罪，但只應判刑一天，以示對和平抗爭的尊重。

　　可惜香港的法官沒有這位工匠的智慧，我們被判刑16個

月。不幸中的大幸，我真被分配到木工工場。我由掃地開始，轉為清潔木板，最後被分配到一臺鑽孔機工作，主要是將木板放在機床上由機器鑽孔，無技術可言，令我頗為失望。因此，當導師問我是否有興趣接受訓練去考取木工資格證書時，我是萬分雀躍。過去幾天，我在學習用傳統工具刨木，看著從木刨中溢出的木屑粗幼均衡，反覆練習終有成果。看著工具箱內還有十多件有待學習的工具，滿心期盼。

為什麼我要學木工？「我上半生靠腦袋謀生，下半生要靠雙手。」這是我和朋友開玩笑時說的，但事實是工藝必須手腦結合。我讀《生活之美》（*The Beauty of Life*）[72] 一書時，看到 19 世紀末英國的威廉・莫里斯（William Morris）憑藉他工藝復興的激情，以巧妙的雙手將藝術帶入生活，製造優雅的家具、刺繡、地毯、彩色玻璃、壁紙和書籍排版設計，顧客爭相採購。其實，他是一位社會主義者，批判資本主義帶來的消費主義和大規模生產，放棄傳統的工藝而過度依賴機器，結果使得市場充斥庸劣的商品，工人生活困苦，更要成為機器的奴隸從事枯

---

72 監獄是一個色彩單調的世界，到處只是白色、綠色和鐵枝的灰色。我非常渴望看一些畫冊，但監獄卻禁止硬皮封面的書本內進，結果只讀到 Diane Waggoner, *The Beauty of Life: William Morris & the Art of Design* (London: Thames & Hudson, 2003) 和一本有關西班牙建築大師高第（Gaud）的藝術書 Isabel Artigas, *Gaudi: Complete Works 1852-1900* (Taschen GmbH, 2007)。

燥的工作。

他指導工人重拾一些失落了的工藝，在小型工場中共同創造典雅的家居用品，避免在機械化工廠中工人被異化。但由於慢工出細貨，他的產品價錢不菲，想為工人階級提供價廉而優雅的用品的理想根本達不到。

看深一層，莫里斯是想藉工藝復興去對抗社會學者韋伯所言的「工具理性」。韋伯指因為宗教的失落，人們愈來愈難達致一致的價值判斷；結果反而將一些價值判斷束之高閣，只著眼於如何發展最有效率的手段去達至目的。譬如大家已經不去詰問經濟發展、物質豐裕是吉是凶，大家只是一股腦朝著這方向尋找最有效率的手段，包括機器化的大型生產。社會學家哈伯瑪斯[73] 更指出這種充斥在金錢與權力系統的思維，步步進逼

---

[73] 哈伯瑪斯（Jurgen Habermas）是德國著名社會思想家，對我的影響非常深刻。他的知識論與卡爾・波普不一樣，認為真理（以至善與美的問題）只能建基於（如Thomas Kuhn 所言的科學群體）暫時的共識，因此群體如何建立共識至為重要。用他的「理想對話情境」（ideal speech situation）作為基礎，他除了提倡真誠、理性等對話倫理外，他更提出應擱置對話者的身分地位，而單參考其觀點的理據。為了更能符合理想對話情境，社會應進行改革減少社會差距，我們才能為真善美的確立提供較穩妥的基礎。哈伯瑪斯在歷史上追索 17、18 世紀的歐洲，通過新生的報紙、文學批評雜誌、沙龍、咖啡館等空間產生的「公共領域」（public sphere），讓民眾通過對話形成「公論」，制約皇室貴族權力、最終成為新興資產階級（當時的中產）爭取民主的社會基礎。但哈伯瑪斯目睹資本主義進一步發展，以金錢為主導的市場和以權力為主導的政府系統逐步侵入社會（「系統」植入「生治世界」），工具理性和等級差序已破壞崇尚「理想對話情境」的公共領域，而淪為只講利益妥協的場所。因此，哈伯瑪斯主張在「工具理性」以外，要建「溝通理性」，重建公共領域，走向理性社會。

吞噬我們的生活世界。單靠莫里斯這樣的工藝復興是無法力挽狂瀾的，而必須重塑我們的價值系統，其方法是建立一種平等、理性、真誠的對話領域，讓人們就社會的議題達至共識。

香港本來便是一個充斥工具理性的社會，再加上一個獨裁體制的支撐，當權者愈來愈不懂得通過對話與社會建立共識。林鄭這類「人生勝利組」，從來只著重如何以最高效率完成體制（無論是學校、上司或北京）託付的任務。她之前在處理西九故宮博物館[74]一事，已見她只著眼速戰速決，完全忽視社會共識。一個代表極致工具理性的特首，現在要建立「對話平臺」來化解危機，後果幾可預見。我還是繼續刨木好了！

74　編注：林鄭月娥於 2016 年 12 月 23 日宣布將與北京故宮博物院合作，於西九文化區興建故宮文化博物館，事前並未作任何諮詢、無正式招標廠商，且不需香港立法會審批。

9月1日
哪來對話的基礎？

　　林鄭的對話平臺仍未建立，卻先拘捕幾位泛民議員，其中兩位一直站在抗爭者和防暴警中間要求提供疏散路線，被告阻差辦公，區諾軒議員則因為使用大聲公而被控襲警。如果那些「社會賢達」覺得政府展示了對話的誠意，你們便繼續和林鄭開會吧。不過，請謹記說話時要溫柔敦厚點，否則後果自負。

　　其實自 2003 年 7.1 遊行後，中共對港政策便強調「以我為主」，中間力量不斷被壓縮，已呈兩極分化之勢。我本是最著力鼓吹對話的學者，公開或私底下都曾與主管香港事務的部門和訊息收集機構反映社會的訴求。但到了 8.31 決定以後，我和一批積極關注社會改革的學者都無奈宣布「對話之路已盡」，香港將進入「抗命的時代」。

　　我一直欽佩曼德拉以對話化解南非的種族衝突。但對話要能成功，端賴一些外在條件的配合。1985 年曼德拉願意主動提出對話，是因為他見到杜圖主教（Desmond Mpilo Tutu）組織的一場示威沒有遭受殘酷的鎮壓，顯示新政府可能採取較寬鬆

的路線。另一方面，經過 20 多年的勇武抗爭，黑人即使不是累了，也意識到革命難以成功，故此雙方均有對話的動力。

許多人還記得民主黨和普選聯於 2010 年成功與中共對話而爭取到立法會選舉辦法的修改，當時我是其中一位進入中聯辦[75]談判的代表。其實關上門後，中聯辦的官員只是重申我們提出的「超級區議員方案」是「三違反」，真正的談判是通過梁愛詩與當時國家主席胡錦濤通信，但我相信掌管港澳事務的習近平是促成妥協的關鍵人物。習當時在權力鬥爭的暗湧當中，他首要關心的是在接任中共大權之前香港不出亂子，免成為政敵攻擊的藉口，因此有較大的誘因與香港溫和民主派妥協，為對話奠下基礎。

但 2012 年習近平掌權以後形勢大變。他成功殲滅了薄熙來等政敵，實行全面集權、提出「七不講[76]」、取消集體領導、修憲為自己永續統治鋪路。因此，佔中運動是在極小的狹縫中爭取中共履行普選承諾。但對話仍未展開，8.31 已落閘。我們必須清醒地面對現實，只要一天還有「習核心」，香港民主改革的希望都十分渺茫。

75　中央人民政府駐香港特別行政區聯絡辦公室。

76　編注：「不講」的七個主題為：普世價值、新聞自由、公民社會、公民權利、中國共產黨的歷史錯誤、權貴資產階級、司法獨立。此為前華東政法大學教師張雪忠 2013 年 5 月 10 日在微博上張貼，政府要求高校教師不要講的內容。

但香港不進行民主改革只有死路一條。反送中運動引發劇烈的警民衝突，林鄭堅持以監警會和青年發展委員會等去處理危機，而不曉得舊有系統的認受性已全面崩潰。抗爭者甚至懶得叫「林鄭下臺」，而改為以雙普選為五大訴求之一，因為知道體制不變，誰上臺都會變得離地[77]，甚至逆民意而行。

　　吃過催淚煙和目睹警黑無差別打人的一代已看清政權暴力的本質，他們都正認真地思考政治改革的問題。卡爾・波普（Karl Popper）[78] 說自柏拉圖起我們都問錯了一個政治問題：如何產生英明的領袖？其實人類根本沒法設計一套選出才德兼備的領袖的方法，無論那是指「哲學之王」或仁君。那些維護小圈子選舉的人請擦亮眼睛看看我們四任特首的德性：老懵懂的愚忠商人、貪小便宜的打工仔、豺狼心腸的土共和剛愎自用的酷吏。雖然民主制度亦無法保證選出優秀的領袖，但它可回應波普認為最重要的政治問題：如何防止無能或缺德的當權者，侵犯公民的權利並為社會帶來無可挽回的破壞？林鄭幾個月來

77　離地：離開地面、懸浮在空中，衍生意為脫離現實、不知民間疾苦。

78　本來要在獄中好好讀完 Karl R. Popper, *The Open Society and Its Enemies* (New Jersey: rinceton University Press, 1966)，但因為以前讀上冊時在頁邊寫上一些評語，監獄便禁止送進來，結果只有下冊，不能一氣呵成重讀。波普的科學哲學認為只有透過「證偽 」過程推翻舊有理論，我們才能逐步接近真理；而他的政治哲學與此一脈相承，認為人類沒有能力預知歷史發展的終點，便不要迷信一些發展的藍圖，而寧願透過「試誤」（trial and error）的過程去尋找合適的政策。因此，我們必須維持一個「開放的社會」讓不同理念互相激盪，民主便是保證開放社會的最佳制度。

的表現是這套理論最佳的注腳。民主基本的功能便是以最和平的方式，將卑劣的當權者請下臺，可惜這樣卑微的要求在今天的香港卻是莫大的奢侈！

除非當權者釋出民主改革的善意，否則我看不到真誠對話的基礎。最後，恐怕只剩下林鄭和一些「社會賢達」，在禮賓府內輕聲細語地互相問候。

9月8日
白老鼠的守法精神

當法庭判刑以後，佔中案幾位被告被懲教署職員從後門押走，從此在公眾視野中失蹤。跟著發生什麼事情？

我們先被戴上手銬，帶到一個滿布鐵枝的羈留室，然後再被帶到不同房間搜身。搜身是要脫光衣服。在檢查私處時，職員拿著手電筒，說了一聲：「拿起╳袋。」我聽不清楚，便問：「什麼袋？」職員回答說：「春袋」。

啊，當然，難道我期望人家說生物學教科書的「陰囊」嗎？這種令囚犯感到羞辱的檢查據說是基於保安理由，防止囚犯收藏毒品或攻擊性武器於身體隱蔽處。不過要求囚犯交出手錶、戒指及其他飾物並且剪髮，除了保安理由外還有更深層意義。

社會學家視監獄是一種「全權機構」（Total Institution），通過全面控制成員的生活環境，達到澈底改造成員的行為。全權機構第一步要做的是摧毀成員舊有的「自我意識」。一切可以標示舊我的象徵符號包括姓名、衣著、髮型等必須除去。囚犯帶著一個全新的身分在獄中學習遵守規則，以期出獄後會奉公

守法。在監獄內循規蹈矩的，可以提早釋放；破壞規矩的，會被鎖進「水記」單獨囚禁，甚至「加監」（加長刑期）。

　　這套全權機構的運作亦見諸於一些精神病院、集中營等。有些極端的宗教組織亦會將信眾帶離正常社會，在教友前公開認罪、捨棄舊我、再造新人。但監獄是否真能建立囚犯的守法意識，一直受到質疑。這套全權機構的理論太受「行為主義」影響，以為人好像實驗室的白老鼠，只要有清晰的獎罰機制，便能模塑人的行為。但人類與白老鼠不同之處，是有自我的意識並詮釋事物的能力，而非機械化地接收權力機構設定的訊息。

　　譬如囚犯都是齊整劃一地列隊進入餐廳，打菜時默不作聲。一些獄友可能認同這些規則有其合理性，但似乎更多囚犯覺得自己虎落平陽，只能吞聲忍氣，踏出監牢後不見得會繼續尊重法律。

　　明白到單靠獎罰機制不足以改革人的行為意識，現代的監獄在懲罰、阻嚇以外，提出「更生」的概念。今天在囚犯編號以外，職員亦會稱呼囚犯的名字，獄中亦有心理輔導和職業訓練等支援。不過新舊的懲教理念混雜在一個機構內亦會引起不協調甚至張力。譬如應該減少探訪時間以收懲罰之效，抑或讓家人更多探訪以加強家庭支援更生的功能？無論如何，要建立囚犯的守法意識涉及複雜的因素而非單靠懲處可以做到。

但逐步走向「全權社會」的中國卻不懂這個道理，中共的「以法治國」只是把人民當成白老鼠，以嚴刑峻法維持社會穩定。緊隨中央的林鄭政府不斷重複「止暴制亂」、「回歸法治」，其實只是把法律視為控制社會的工具，而不了解這套思維已澈底破產。如果抗爭者是林鄭口中「無法無天」的暴徒，為什麼衝進立法會的青年在「大肆破壞」時仍會放下金錢才取走飲品？為什麼他們在示威地點破壞交通號誌，而在日常生活中會依燈號穿越馬路？

其實這代人已看穿了誰是真正破壞法治的人，他們明白到盲目的守法是對暴政的沉默。政府現在想用嚴刑和警棍重建社會秩序，簡直痴人說夢。市民要求的是法律的制定必須得到人民授權，而法律不單是政府控制人民的工具，亦是人民控制公權力的手段。沒有民主和法治，單靠威嚇是建立不起守法精神的。香港人不會接受一個全權社會，抗爭者亦不是白老鼠，任人愚弄。

9月15日
我要向山舉目

「這些日子如夢如幻,醒著的時候似睡著,睡著的時候卻驚醒。一切彷彿永不完結,同時又似乎將戛然而止。明明已身心俱疲,雙腿還是逕自走到街上,或遊行或集會,時而感到無聊、時而感到鼓舞。深夜偶爾會熱淚盈眶,或感動或悲憤。最近不太敢看直播,因為看見年輕人被狂毆被射擊被圍捕,每每憤怒傷心徹夜難眠。」一位學生來信讓我感受到鐵窗外日子的煎熬。

在鐵窗內,獄友的情緒亦在變化。每天看著電視新聞畫面,由最初目睹示威者向警察擲物時全場歡呼起哄,到現在或者麻木,或者不解,或者罵示威者無法無天。我深深體會到沒有網際網路,單靠 TVB 和《東方日報》塑造的是怎樣的一個世界。我變得愈來愈沉默。

大部分獄友其實並沒有被這場抗爭牽動情緒。每天仍是吃著恆常的飯菜,身心投入地看韓劇和《美女廚房》,一起抽菸、洗澡、閒聊,無驚無險又過一天。中秋前夕,餐廳忽然瀰漫興

奮的氣氛，原來是節日加菜，每人多了一支雞腿，而吃素的我則加了粉絲、蘑菇和玉米筍。在這倍感思家的日子，送來一點暖意。

中秋節那天，有團體送來月餅。志蓮淨苑送來每人一個精緻的蓮蓉月餅，而陳日君樞機則送出雙黃蓮蓉。以往一直很欣賞陳樞機對被遺忘的人群的關懷，想不到今天親手接過月餅。自我入獄，樞機已經五次來訪，或談外面的形勢、或談中國教會的困境和梵蒂岡的誤判、或談其他獄中義士的狀態，總是透露他的義憤卻不失對天主的信心。他看著我如嘔吐物一般的青豆晚餐，笑著說現在牙齒不好，應該由他坐牢吃掉這樣的飯菜。

最近陳樞機來探我，步履蹣跚，說腿愈來愈不好。離開以後，職員問我樞機的年紀，說這次見他頗有疲態，竟認不出通往大門的路，要我勸他好好休息。其實樞機已經 87 歲了，但退而不休，一直點燃生命，對抗黑暗。中秋晚上，即使舉步維艱，他仍是上到獅子山頂，和市民一起亮著燈唱〈願榮光歸香港〉。

「我要向山舉目，我的幫助從何而來？我的幫助從造天地的耶和華而來。」我很明白有信仰的人觀天地造化會領會一種美善的力量，有助超拔於眼前困境。當年周融等厚著臉皮組織「反暴力爭普選」遊行後，我們組織了一次「民主登高」，都是

希望佔中支持者向山舉目，不要與反對者在沼澤中摔角弄到彼此滿身泥濘。

現在《送中條例》已撤回，足見和理非與勇武相配合的力量。接下來是爭取成立獨立調查委員會，徹查警黑暴力。但暴力是無力控訴暴力的，要超拔於暴力的沼澤，和理非必須加倍努力感動人心連接全球。

中秋翌日，天氣驟變。「殷勤昨夜三更雨，又得浮生一日涼」。我向山舉目，願陰霾早散，榮光照耀香港。

9月22日
逆權紅耳鵯

在獄中每星期有三次「行街」，亦即散步的機會，地點是在中心地帶的一個排球場。不想散步的獄友可留在旁邊一個名為「侏羅紀」的有蓋空間看電視和抽菸。行街的空間長度約45步，來回漫步，一面看著監獄的建築物，另一面可看到沒有被鐵網遮擋的半個山坡，是獄中最美麗的風景。

這個監獄種的樹木不多，每早從牢房到餐廳的路上可以看到幾株，都是隔著鐵網無法觸碰。可以讓人親近的兩株大樹種在足球場上，樹身都纏上有刺的鐵線，以防囚犯攀樹逃走。要看無拘無束的樹木，便要在行街時向山舉目了。

在排球場上漫步，看著翠綠的山巒，有一種行禪的感動。監獄其實是十分嘈吵的地方，餐廳四臺電視以最大的音量在廣播、工場有機器聲、牢房有獄友高聲聊天。他們說最怕靜，會胡思亂想。有電視聲、音樂聲，好像坐在外面的交通工具，日子會好過一點。因此「行街」、跑步是我難得的安靜時間，反而黎明時的坐禪因時間短促而未能完全入定。像我這種腦袋不

停轉動、又活在亂世的人，有節奏地行或跑，靜心素描身體、觀察呼吸、聆聽大自然聲音，同樣有禪修效果。

我很喜歡樹。粗大的樹幹令人平靜安穩，樹葉的顏色卻按四時變化。有些禪師叫人們坐在樹前看落葉如何從樹枝掉到地上。恍如人生，都是軌跡不一、千姿百態，最後「化作春泥再護花」。多在林中細看，對生死循環，會安然接納。可惜在監獄只能遠觀山巒，無從細察樹木的變化。最洗滌心靈的反而是看見樹木隨風搖擺，帶來一陣涼意。那個景象有時會在清晨打坐時偷偷進入腦海，然後感覺自己飄浮至山上。坐在樹下，聽著海浪聲般的風吹樹搖，俯瞰腳下的壁屋監獄。

行街的時候，偶爾亦可觀鳥。除了麻雀以外，還見過八哥和斑鳩，但印象最深還是那幾隻紅耳鵯。那次我見牠們在山坡的樹林與監獄間來回往返，每次都站在有倒刺的鐵絲網上歇息，然後飛進辦公大樓外的幾株灌木內。我看牠們嘴裡都銜著一些如碎木的物體，不徐不疾地在鐵絲網上跳動，一點都不擔心被刺傷，好一個逆權的姿態！

進入監獄已 5 個月，我仍然視坐牢是對這個專制政權的控訴。最近經常想到因為逆權運動被捕的一千多人，他們和家人必然會因為可能來臨的牢獄之災而憂心忡忡。我希望在不久的將來，一些已離開監獄的政治犯可以和這批被捕者分享一下獄

中的經歷，讓他們及早作出身心的準備。其實最重要的是我們心安理得，自然有強大的抗逆能力。

那天我往訪客室，路過辦公大樓時，欠身看一看旁邊那幾株灌木，窺探一下紅耳鵯飛進裡面所為何事，赫然發現築有鳥巢，才知道牠們辛勤往返、逆權衝刺，原來也是為了這個家。

9月29日
商界如何化解深層次矛盾

　　中共硬要把逆權運動[79]說成是由房屋問題和欠缺社會流動所造成，或者是不相信人是有理想、有良知，會為了反苛政、反獨裁而持續上街甚至浴血街頭；又或者他們已很清楚知道港人爭取的是還政於民，只是試圖用分錢代替分權，迫令政府和商界紓解民困，卸走政治改革的壓力。

　　洞悉了這樣的政治計算，我們才能理解中共何以突然抨擊地產商「囤地圈錢」。而一向與政權唇齒相依的地產商亦心領神會，突然承擔起「社會責任」捐地建屋。但除非商界自欺欺人，他們都知道這場運動的爆發是源於對政府行事乖張的不滿，市民更看透林鄭如此剛愎自用是因為整個政治體制完全失去制衡。因此，抗爭者在五大訴求[80]中把「林鄭下臺」改為「雙

79　編注：指的是香港人因反對《逃犯條例》修訂，於 2019 年 6 月開始進行的一連串抗爭運動。

80　五大訴求：1. 全面撤回《逃犯條例》修訂草案；2. 撤回「暴動」定性（包含 6.12）；3. 撤銷所有反送中示威者控罪；4. 成立獨立調查委員會，澈底追究警隊濫權情況；5. 立即實行「真雙普選」。

普選」。多年來商界對普選問題採取鴕鳥政策，現處此危難關頭，他們能否重新思考對政改貢獻？

小心觀察這次反修例事件，可窺見商界亦扮演逆權角色。從開始時基於自身利益，不少商會對條例表示反對，甚至有商人提出司法覆核。即使有關方面私底下安撫，甚至剔除一些商界特別擔心的罪行，憂慮仍無法解除。在衝突白熱化的時候，有地產商寧願放棄訂金不完成買賣，放棄標售到的土地；某大商會的高層公開要求林鄭清楚撤回《條例》草案和成立獨立調查委員會，更是難得。這些來自建制內的反對聲音如何削弱法案的認受性都看在北京眼裡，所以其後要如此粗暴地公開點名，迫令商界表態支持林鄭。

從社會運動角度看，一個運動要成功不單靠動員群眾和增加政府的統治成本，還要掌握到「政治機會」。這些政治機會包括國際形勢、全球同類運動的週期、本國政治精英間的分裂、運動能否與建制內反對力量結盟等。這次逆權運動，我們都注目於「和理非」與「勇武」派的配合，但其實商界對政府的不滿造成的政治機會不應被忽視。

為了撤走一條惡法，商界基於自身利益會捲入逆權。但涉及到民主改革，他們怎會站在人民那一邊？南韓早在50、60年代已有民主普選，反而是進入工業化時期，軍人上臺，以保

護國家不受共產北韓侵害之名，抑壓工人運動、剝奪人民的民主與自由，而大企業亦樂於配合專制政權。但80年代南韓經濟起飛，出口導向的大企業如三星、LG等開始關注國家形象如何影響產品的國際行銷，深感在媒體上不斷出現軍警施放催淚彈、學生還以汽油彈的畫面，對建立韓國品牌百害而無一利，漸漸對民主改革採取正面的態度，希望普選能真正止暴制亂。

香港民主化的其中一個阻力來自本土商界，立法會的功能組別保護了既得利益，亦令議會脫離民意，失監督之效。香港商界見到這幾個月的抗爭令經濟受損，不要幻想這只是短暫的混亂，更不要指謫抗爭者，因為這個不公的制度是他們有份製造出來的。

商界可以做的，是學習80年代韓國的大企業，順應歷史的走向，向北京進言：一天沒有普選，香港不會有持久的和諧。最具體的目標是2020年立法會選舉全面取消功能議席[81]。另一件要做的事是投入人才與資源，孕育一個扎根本土的保守政黨，以自由經濟、低稅率、鼓勵投資與工作的政綱與泛民在普選中競爭，而非依賴那些人才凋零，只懂趨炎附勢的土共政

81　功能議席：指的是「職業代表制」（Professional representation），指定的商會或行業類別在選舉中擁有特別投票權，通常是雇主，無法反映基層員工的意願。

黨代表他們。這樣既能保護他們的長遠利益，亦能真正化解香港的深層次矛盾。

10月7日
覺悟

林鄭引用《緊急法》禁蒙面[82]後，電臺訪問了一位衝衝子（勇武派）。他說對於一個覺悟了的人，已預了 10 年（準備為暴動罪坐 10 年牢），不會因為多加一年（蒙面罪）而放棄抗爭。覺悟令人胸無掛慮，這讓我想起容閎的經歷。

容閎是中國第一個留美學生。他在廣東香山長大，父親將他送到傳教士辦的學校，後到香港馬禮遜學校讀書，得到一些在港西人贊助到美國升學，最終在耶魯大學畢業。

他回國之後，曾在廣東和上海從事翻譯和秘書工作，後到香港習法律，卻被西人壟斷的律師同行排斥，免他搶走華人委託的案件，最終黯然回國經商。他曾協助一些傳教士到南京太平天國的總部與革命領袖會面。容閎目睹國運衰敗，早有投身變革的心志，故亦藉此機會向太平軍提出數項包括教育改革的建議。惜太平天國偏安金陵，已失革新之志，容閎夙志未遂，

82　禁蒙面：元朗騷亂後，由建制派議員葛珮帆等人提出，於 2019 年 10 月 4 日訂立的《禁止蒙面規例》。

惟有回上海繼續營營役役。

但在一次偶然機會中，容閎得知有百多萬箱綠茶滯留在太平軍控制的地區，誰敢冒險做此生意，巨富必致。容閎因曾與太平軍領袖接觸亦獲發控制區內的通行證，覺得可以放手一搏，遂組一船隊，帶備金銀腰刀火槍，深入不毛。沿途只見田園荒廢、生氣蕭索，在漫天烽火中，終於覓得茶葉落腳處。交易既成，日夜兼程付運。

當天夜晚，船泊湖邊小灣，月黑風高，容閎無法安枕。深夜靜野中，忽傳呼嘯聲，由遠漸近，眾人驚醒。只見對岸火光熊熊，應是千計流匪持火炬步至。船員都嚇得面無人色，戰慄不止。幸而該幫人馬在對岸登船後順流而下，在大雨和蘆葦遮擋下，雖從旁經過亦未察覺容閎船隊。

押運茶葉之後，容閎大病一場。他在自傳《西學東漸記》[83]中記下在病榻上的思緒：「吾人處世，以生命為基本。倘果為

83　原文為容閎（Yung Wing）寫的 *My Life in China and America*，連同中文翻譯本收錄在《我在中國和美國的生活：容閎回憶錄》（北京：東方出版社，2006）我初到耶魯大學時，見大學圖書館外牆雕有中文文字，在伍爾西會議中心（Woolsey Hall）拱門又見到幾塊紀念在中國「義和團之亂」（Boxer Rebellior）中死去的耶魯畢業生傳教士，便去追索耶魯在華的歷史，譬如協和醫院、廣州嶺南大學、雅禮協會的淵源，更發現中國第一個留美學生竟是在耶魯就讀的容閎。這次入獄，讓我細讀他的生平，亦讀到中國走向現代化的疑慮和尷尬。如何令中國人明白民主法治是「現代」而非「西方」獨有的共同文化資產，減少因為曾受西方侵略的歷史而造成全面抗拒來自西方的「普世價值」是重要的課題。

土匪所得，則一死真等於鴻毛。且余既志在維新中國，自宜大處落墨。若僅僅貿遷有無，事業終等於撈月……。靜言思之，頓覺前此之非計。」於是矢志留有用之身，推動中國教育改革。

但因為這次「險中求勝」，容閎在行內聲名大噪，輾轉為曾國藩所悉，進而召見，委以重任，出國考察兵工廠，最終向美國採購機器，籌建江南製造局，生產武器及修造輪船，打響洋務運動第一炮。他進而建議以官費派遣 120 名幼童留學美國 15 年，並親自在美監督學生進修情況，期望一代受西學訓練的學子能澈底改革中國落後的狀況。

但義和團的 DNA 早在國人的血液中翻滾。與容閎一起到美國督學的官員向朝廷「篤灰」（密告），指謫學子受西方思想荼毒、數典忘祖，最終清政府下令腰斬留學計畫。容閎雖受打擊，卻未言放棄，及後更建議成立中央銀行及建造鐵路，同樣遭到冷待。因此，當康梁提出維新之議，容閎當然響應。可惜維新百日即敗，戊戌政變，容閎惟有去國。

他逃命路過臺灣，被日本駐臺灣總督召見。閎自知此行凶多吉少，仍凜然赴會。席間總督問到是否曾有人倡議出租臺灣 99 年予西方國家以籌經費與日本交戰，容閎直言不諱是他向張之洞提出的建議。總督見他光明磊落、胸無宿物，萬分欽佩，承諾不會按清政府的要求將他「送中」。

容閎處變不驚的氣度，實從他在黑夜的河邊走過生死一刻的覺悟而來。我看香港這次逆權運動，許多人亦穿過生死關頭，必有一番領悟。反而林鄭在宣布禁蒙面法後帶領一眾官員在電視上講話，都像容閎船上的隨員，面無人色，如喪家之犬。不知道其中有沒有人覺悟已誤入歧途，因苛政虐民而自陷不拔之險境？

10月20日
改善空間

　　考試前的晚上，腦海浮現著每一個工序：刨木、打釘、鋸木、鑿鉸……。作為教授，20多年來我考核學生無數，自己卻沒有上過試場。師傅安慰我說，他教過300多位學生，只有一個「肥佬」（fail，考試不及格）。我卻擔心自己是第二個。

　　監考官是從建制業議會派來的老先生，一臉慈祥地向我們幾位考生解釋這次中級木工考試的要求：造一個有鎖的櫃門，四邊門隙均不得超過兩公分。

　　我在第一個工序便出亂子。刨木的時候發覺刨刀調校得太淺，久久只刨得半點木屑。焦急起來，我用錘拍打木刨上端調校刀口，結果調得太深，弄到刀刀入肉。想重新調校，又無從入手。都說「工欲善其事，必先利其器」，我平日卻過度依賴師傅準備好的工具。看著被我刨得高低不平的木板，只有一臉無奈、滿頭汗水。考官見我剛開始便停下來，滿臉狐疑。

　　人一慌，便回到本能。我像當年的會考生，默默祈禱，靜下心來，回想師傅平日準備工具的情境，試著重新調校刀口，

結果成功。舒了一口氣，下面每個工序都不敢怠慢，惟恐又出意外。兩小時過去，來到最後鑿木上鎖的步驟，亦是當年唯一肥佬考生出錯的地方，我戰戰兢兢，花了相當時間總是覺得門鎖未能完全嵌入。考官提醒餘下時間不多，我唯有硬著頭皮上鎖，發覺並無大礙，只是自己嚇自己。

考試結束，師傅和考官巡視各人的作品，都說我的櫃門四邊均衡、開關暢順。「以你成世揸筆（整天握筆）的人來說，算是不錯！」我的確是一個手腳笨拙的人，練習過程雙手都被鐵鎚和鋸子傷過。現在得到讚賞，很大程度是他們見我這個讀書人願意放下身段，拿起工具幹活而給我鼓勵。我只能以「全靠將勤補拙」、「感謝師傅耐心包容」來回應。我心裡面只有一句話說不出口，那便是「仍有改善空間」。

事關早前在電視上看到 Now TV 採訪隊的司機在警署外準備開車時，被布袋彈[84]擊中頭部，警員一擁而上將之拘捕。當時記者已馬上向警員說出傷者的身分，卻被警員以胡椒噴霧威嚇驅趕。據報受傷司機被帶進警署兩個小時，不但沒有得到治療，還遭到進一步毆打。我一直沒法看到網上流傳的警暴畫面，但這樣一個新聞機構人員的遭遇已令我十分髮指。而更過

84　布袋彈：以布包裹，內含鉛粒的霰彈槍彈藥。在港警鎮壓反送中示威者時被廣泛使用。

分的，是警方竟在例行記者會中，說警方在處理此事上，「仍有改善空間」。這是什麼意思？是說他們已做得很好，但不會驕傲，會努力改進以臻完美？當我想到一個無辜傷者在警署被警察毒打以及無數抗爭者被侮辱、性侵和虐待，我是要求重整警隊，而不是要聽他們說會「止於至善」！

林鄭在回應中文大學校長公開信時仍厚顏重複說要相信現有監警機制。回想雨傘運動時，我曾和她通電話要求成立獨立調查委員會徹查 9.28 催淚彈和旺角黑幫襲擊示威者事件。當我向一些「中間人」提出相同要求時，一位社會賢達回應說：「這些黑幫與新界社團關係密切，而這些社團又與中共有千絲萬縷關係，點（怎麼）查呀？」

這點出了問題的核心。5 年過去，情況依舊。只想知道，這個「黑社會主義」的中國，究竟有沒有改善的空間？

10月27日
國族主義的催眠

　　在港、臺綜合娛樂節目的喧鬧聲中讀蕭公權的《中國政治思想史》[85]是意志的考驗。此書從先秦政治思想的流派追蹤至清末民初的劇變，所引經典，有注無譯。古文根底薄弱如我者，得花九牛二虎之力才知其梗概。讀完此書，滿心慚愧，因其處理的問題實與我研究的專業息息相關，但過往20多年花了極多時間在中國建立公民社會和在港爭取民主，竟待到獄中才拜讀先生大作。

　　此書首要梳理的問題是中國專制政治的思想根源。蕭先生認為中國並非自古便崇尚君主專制。春秋以前，君權的運用，自有其限度。貴族世卿、大臣巨室在封建制度中將王權分散。此外，民心之向背、天命之予奪、鬼神之賞罰，亦形成間接的限制。

　　儒家思想並非單方面強調統治者的權威，孔子「正名」之

85　蕭公權，《中國政治思想史》（臺北：聯經出版公司，1982）。

說志在調整君臣上下的權利與義務，士人對人君的忠誠是建基於政府是否行仁政。「邦有道則仕，邦無道則可卷而懷之。」不像林鄭和梁振英的統治班子，政府作惡時都無人敢跳船。

孟子的「民為貴、君為輕」更是進取，雖認為統治者的權力由天授命，但上天是通過人民的耳目去監察天子的一言一行。得乎丘民而為天子，失民心者失天下。假如統治者行虐政，人民有權以暴力將之推翻。「聞誅一夫紂矣，未聞弒君也。」革命變成義務，莫說「違法達義」了。

不過這種「民本思想」太過前衛，很快便在「送檢」過程中被打壓。漢代儒生談五行災異之論，是想借大自然的力量去告誡當權者不得逆天而行暴政，不過這種旁門左道的制衡終難長久。法家不將統治的道術寄託於人君的道德修養或者鬼神賞罰，而著重制度和刑法。法家亦有「法者君臣共守」的理想，即是說皇權應同樣受法律限制。經歷秦朝的暴政，漢代法家與道家混雜成一種無為而治的思想，以法治國，減低人治色彩。

但現實的中國是單方面採納了儒家的「尊君」思想，統治者的權力亦凌駕於法律之上。兩千多年來雖間有異議聲音，卻無改「治世少而亂世多」的專制格局。直至晚清受外力挑戰，民權思想和憲政主張才乘勢而起，卻遭到華夏本位思想與專制文化基因頑抗。

本書的另一要旨是探索「民族國家」生成的困難。古代中國，自以為是「天下」，只有華夷之別，對其他國家的存在了無認識。孔子是以文化而非種族來判別夷夏，這種「文化中國」的概念成為主流，特別在元、清外族統治的朝代更成為官方意識形態。如果大家讀主張君主立憲的康有為的《大同書》，你就像聽著約翰·藍儂（John Lennon）唱〈想像〉（Imagine），無國界、種族之分。蕭公權認為直至孫中山以種族為號召反清復明，方開始建立民族國家，亦是中國走向現代化希望所在。

　　我卻不同意蕭先生的觀點。試想西藏、新疆等少數民族，無論種族與文化都跟漢人有重大差別，但漢人一面唱著「黃皮膚、黑眼睛」的〈龍的傳人〉，一面硬要說這些地方「自古以來」都屬於中國，是何其荒謬？正如班納迪克·安德森（Benedict Anderson）[86]所云，現代民族國家除了是透過戰爭掠奪以外，更是透過統一的語言、文字、傳說及各樣文化手段刻意建構出來的。但在這種薰陶底下的人民卻將這種人為的民族國家視為宗教般神聖不可褻瀆。

　　我看見一個大陸青年南下到大埔以割頸剖肚的方式襲擊在

86　Benedict Anderson, *Imagined Communities* (London: Verso, 1991)（《想像的共同體》）是最有力反駁那些「自古以來某地已是屬於某國」的論述。我曾用其理論在《明報》發表文章分析香港國民教育，該文〈國民教育想像〉收錄在陳健民著《抗命的倫理》（香港：花千樹，2015），頁189-195。

連儂牆下發傳單的義工[87]，然後到警署自首，應該是一個國族主義上腦的「小粉紅」。這些人沒有想過，沒有民主、自由等更高價值的指引，國族主義只是集體自我催眠，以保家衛國之名殘人自殘。

---

87 大埔連儂牆劏肚案：發生於 2019 年 10 月 19 日香港新界大埔，一名發傳單的中學生見到中國籍男子在破壞連儂牆上的文宣便上前制止，卻遭該男襲擊「割頸劏肚」，並高喊：「香港屬於中國，你哋（們）搞亂香港。」

11月3日
重慶 Connect

　　警方噴藍了清真寺[88]後，華裔與少數族裔的港人connect起來。家人朋友到重慶大廈吃咖喱，說味道很好，人很友善。

　　我在獄中，很早已和少數族裔connected。這裡有來自印度、巴基斯坦、孟加拉、尼泊爾、蒙古、非洲和南美洲的囚犯，統稱ON（Other Nations），佔了我們牢房幾乎一半的床位。

　　我第一天進來，許多ON便主動前來握手，餐桌上放滿了他們送給我的柳丁。一位ON舉起手臂說：「Hong Kong is Hong Kong, Hong Kong is not China!」我也就一樣振臂高呼。

　　第二天早上，我在餐廳掃地，動作太過笨拙，有獄友走過來教我拿掃把的正確姿勢。過後一位ON走過來和我說，他們的文化不能接受我這樣有學問的長輩替他們掃地，但因為怕被指破壞規矩，他只能夠帶著歉意袖手旁觀。

88　港警朝清真寺發射藍色水砲事件：2019年10月20日，香港警方為驅離九龍區示威遊行民眾，以水砲車向民眾噴灑藍色催淚水劑，導致九龍清真寺被染成藍色，後官方表示此為「誤射」。

在獄中一直感受到大多的少數族裔都很友善。碰面會互相問候近況，訴訴坐監之苦。有些非洲獄友坐了近 10 年牢，日夜想念家人，卻仍關心我是否適應獄中的食物和硬板床。來自南亞的回教徒，祈禱以後，除了彼此用雙手互握外，亦會與我們握手問好。

我很喜歡看這些回教徒祈禱，時而被他們的敬虔觸動。他們每天祈禱多次，在牢房、工場、餐廳如是。黃昏時分，他們會在牢房清理好一角空間，鋪上禮拜毯，一位獄友戴上帽、雙手按著耳朵，唱出一段優美的旋律呼召其他回教獄友過來一起祈禱。這個時候，回教獄友都會到洗手間漱口、清洗臉部和手足，然後跪拜在禮拜毯上一起祈禱。

他們祈禱的時候，港人獄友亦會稍微收斂，降低音量，牢房難得有片刻寧靜。我在歐洲開會，經常會走進教堂默禱，在獄中也想過坐在這些回教徒中間。我向一位 ON 借了他們伊斯蘭教的教義和禮儀書籍來看，知道他們堅信阿拉是獨一的真神，祈禱前清洗身體部位的次序、祈禱時手擺的方向等都有嚴格的規定，我坐在他們中間只會是一種冒犯。

我在法庭上作證時是用基督教宣誓儀式的，到獄中要茹素時報稱自己是佛教徒。作為一個有信仰而無宗教的人，我是相信只要帶著敬虔的心，人類可以通過不同的宗教接觸到上帝。

如果不同宗教的信徒在宇宙人生的奧祕前謙虛一點，不以自己掌握了絕對真理的態度去否定別的宗教，人類歷史應該沒那樣血腥。

大家都說不同宗教在香港一直和平共存，其實主要是說基督信仰和伊斯蘭教沒有發生衝突。這可以歸功於一種多元共融的文化，亦可能因為沒有地緣政治的激化（譬如中東的宗教衝突涉及西方的軍事、政治介入），但更可能是因為少數族裔一直在香港處於半隔絕狀態，與其他港人活在平行時空，沒有真正的融合與衝突。

民陣[89]岑子杰被一群南亞裔人襲擊後，有網民揚言報復的時候，不少 ON 來向我查問，並說只有某族群才會被中方收買，不關其他南亞裔人的事。後來在重慶大廈外他們的同胞向遊行群眾遞水，大家都覺得這種團結感非常讓人鼓舞。

我們如果討厭中國對待新疆人的態度，便應反思自身如何看待少數族裔，了解一下他們面對教育、工作、租屋等問題，欣賞一下他們文化優越之處。不竟，叫林鄭「講人話」的記

89　民間人權陣線。

者[90]，便是南亞裔的真香港人。

90　編注：2019 年 7 月 22 日，林鄭月娥出席記者會說明 7.21 反送中遊行事件，於回答白衣人衝入元朗地鐵毆人事件時，因閃避提問，遭到臺下記者追問，其中香港電臺記者利君雅（Nabela Qoser）以連串問題尖銳質問，並要求林鄭：「講人話呀！唔該妳（麻煩妳）！」後利君雅疑遭打壓，於 2020 年 5 月獲電臺不續聘。利君雅是在香港出生長大的巴基斯坦裔香港人。

11月10日
以為快到彼岸的蠍子

　　修訂《逃犯條例》弄至天下大亂，中共不去反思為何當初對民情的判斷如此離地、民怨爆發後何以疏導無力，反而進一步要求特區盡快立 23 條[91]。沒有落實《基本法》45 條的普選承諾[92]，在缺乏民主制衡的情況下增加政府限制公民權利的權力，後果會是怎樣？一條《送中條例》已令香港元氣大傷，再來 23 條，真是黃臺之瓜，何堪再摘？

　　根據中大亞太研究所的民調，2002 年時港人有六成多認為北京有落實一國兩制，只有兩成多持相反意見。但自從 2003 年後，港人對一國兩制的信心如江河下瀉，到 689[93] 執政時，民

91　《香港特別行政區基本法》第 23 條：「香港特別行政區應自行立法禁止任何叛國、分裂國家、煽動叛亂、顛覆中央人民政府及竊取國家機密的行為，禁止外國的政治性組織或團體在香港特別行政區進行政治活動，禁止香港特別行政區的政治性組織或團體與外國的政治性組織或團體建立聯繫。」

92　《香港特別行政區基本法》第 45 條：「香港特別行政區行政長官在當地通過選舉或協商產生，由中央人民政府任命。行政長官的產生辦法根據香港特別行政區的實際情況和循序漸進的原則而規定，最終達至由一個有廣泛代表性的提名委員會按民主程序提名後普選產生的目標。」

93　編注：指梁振英。

情剛好倒轉，六成多人表示失去信心，而只有二成多仍相信北京。那 10 多年間發生了什麼事情？

我們目睹的是北京在 2003 年 7.1 遊行後將市民對普選的訴求視為外國勢力干預，對港的政策由「高度關注」演變成「以我為主」、「一國先於兩制」、「全面管治權」等。中聯辦 [94] 明目張膽插手各級選舉支持建制候選人、協調議員在重大議案的投票、動員人大政協 [95] 和愛國社團積極投入政治鬥爭。但這種深度介入特區事務的惡果，是如上述民調顯示，令港人對一國兩制信心崩潰。但為什麼明知政策產生反效果，中共仍變本加厲？

《信報》創辦人林行止先生在回歸 [96] 前寫過一篇駭人的寓言：一隻蠍子騎在龜背上渡海，當游到海的中間，蠍子便刺了龜一下。這一下實在非理性，因為龜死了，蠍子亦會溺斃。臨死前，海龜問蠍子為何如此愚蠢，蠍子回答說：「本性如此，實在忍不住。」

這也許便是中共盲目破壞一國兩制的原因，是獨裁基因在作怪。中國兩、三千年來都在爭論應行三代時權力分散的封建

94　中央人民政府駐香港特別行政區聯絡辦公室。
95　全國人民代表大會會議（人大）、中國人民政治協商會議全國委員會會議（政協）。
96　編注：指 1997 年香港主權由英國移交中華人民共和國。

制，或是秦漢以後中央集權的郡縣制。即使後者造成過度的官僚化和文化單一的傾向，因為有利君主的專權和帝國的統一，最終都為歷代帝王所採納。曾經有像清初黃宗羲提出「方鎮」的概念，在封建與郡縣制以外，嘗試在邊境建立十數個如特區方鎮，讓其財務內足自立，政教無需跟隨中央體制，甚至官員可以自行辟召[97]，這些創新的想法始終敵不過中央集權而最終淹沒於歷史中。

中共的專制思想和這種中央集權的歷史脈絡有天然的契合。由此觀之，鄧小平為了活化生產力而推動「分灶吃飯[98]」的財政權力下放以及在沿海地區成立經濟及行政特區，不得不說是革命性的舉措。但 90 年代中以後，中央政府為了加大自身的調控能力，大量減少地方可保留的稅收，開始重整中央地方關係的格局。習近平上臺，經濟上「國進民退」，政治上日趨集權，對港政策亦更強硬。

蠍子在渡海初期沒有刺死海龜，是因為風高浪急，心存恐懼。但如果蠍子覺得彼岸在望，而且經過一輪觀察已學懂了海龜的泳術，刺殺的慾望便難以抑壓，一國兩制便注定死亡。但

97　辟召：薦舉、招募有才幹者並授以職位。
98　分灶吃飯：1980-1984 於中華人民共和國實施的預算劃分方式，中央和地方的收支分開並按比例調配。

上海這麼多年仍未能取替香港作為國際金融中心，中國要突破發展的瓶頸乃是遙遙長路，彼岸還遠呢！現在便這樣一針針刺進香港，這是蠍子式的玉石俱焚！

11月17日
貓仔的悠長假期

　　監獄是美感乾涸的世界。咖啡色的囚衣、綠白相間的牆、灰黑的鐵枝，刻板的生活、重複的調子。電視卻為獄友生活添上異彩：美食節目的佳餚、韓劇的俊男美女、球賽中七色的戰衣。但因為專注閱讀，我少有抬頭看電視。對我來說，生活的色彩是來自我的「貓仔」。

　　在監獄，每一個事物都有別於外面世界的名稱。「滑石」是肥皂、「拖水」是毛巾、「貓仔」是小型收音機。入獄一個月，我的貓仔終於到達（要先做安全檢查和刻上囚犯編號）。晚上為獄友補習完英語後，戴上耳機，便能躲進自己的桃花源。在港臺第四臺的古典音樂襯托下，看到的獄中景致別有一番色彩。第一次聽的節目是「星夜樂逍遙」，主持人悠和的聲音引領舒伯特的〈岩石上的牧羊人〉（Der Hirt auf dem Felsen）在牢房內唱詠，日子再沒那樣枯燥。

　　每個晚上，港臺第二臺會播放懷舊金曲，許多獄友都倚在床上細聽。政府耳目閉塞、社會衝突不斷，這樣一個以音符搭

建的避風港，讓人有喘息機會。但香港科技大學周梓樂同學去世[99]那一天，我心情一直下沉，晚上聽同樣節目卻承受不了那種風花雪月。幸好古典音樂臺的主持播放由男童詠唱團唱出的〈淚灑天堂〉（Tears in Heaven），讓我稍微釋懷，那是一位歌手獻給他意外墮斃的兒子的輓歌。

最有共鳴的，還是在星期日晚上聽港臺陳海琪的「悠長假期」，一位擁有音樂和人生閱歷的主持人。我 7 點回到牢房，聽她播了艾爾頓・強（Elton John）的〈風中之燭〉（Candle in the Wind），感嘆生命在最璀璨的時刻同樣如風中殘燭。她也播了凱特・史帝文斯（Cat Stevens）的〈父與子〉（Father and Son），讓我五臟六腑不斷翻騰。

少年時特別鍾情此歌，歌詞是父親勸兒子不要躁動，要安於現狀，找個女孩子結婚，一切都會變好；兒子卻用高八度的抗議音調，控訴令人窒息的環境，誓要離開。這次一面聽、一面想到周同學的父母，曾否因為兒子參與抗爭而決裂？但無論政見有否分歧，兒子這樣離去，做父母怎不傷心欲絕？

我與先父曾因佔中問題爭論，明白到兩代之間的愛與思想

99　周梓樂墜樓事件：2019 年 11 月 4 日凌晨香港警方與民眾於新界將軍澳尚德邨及廣明苑附近對峙，香港科技大學學生周梓樂自尚德邨停車場墜樓重傷不治，死因存疑。

分歧如何糾纏。在雨傘運動期間，我曾收到一位父親寄來的信，說他雖然明白我們在爭取公義，但兒子參與佔領後一直沒有回家，讓他憂心如焚，每天到佔領區搜索帳篷卻又遍尋不獲。他請求我盡快結束這場佔領，好讓他父子團圓，卻不知道運動並非佔中三子主導。那封信的一字一句在我腦海驅之不散，雖然我知道大家都是這個專制政權無奈的受害者，心裡始終帶著歉意。

佔中只是一場非暴力公民抗命，今天的「時代革命」顯然會造成更強烈的兩代碰撞。因為看不到香港有革命成功的可能，在此宿命下，涉及暴力的抗爭要有多大自制力才能夠進退有度，不與殘暴政權一同沉淪？也許是我年紀太大、也許是我性格的弱點，我只能夠是一個和理非，一個獨坐牢房一角憂心忡忡的和理非。

有報導說在悼念周同學的獻花中，有他父親留下的一張字條，說兒子的責任完成了，囑咐他好好安息。如果真有這樣深明大義的父親，周同學應該安然卸下裝束，在天國好好休息。希望周同學家人節哀，並以一個在亂世中承擔責任的兒子為榮。

11 月 25 日
黎明的喜訊

　　區選[100] 前一晚，夜半驚醒。

　　在監獄睡不好是常態。入獄不久，與許多獄友一樣，屁股長出硬皮。起初以為是皮膚病（在獄中實在太普遍），後來才知道是睡木板床的生理反應。在兩呎半的床上，只能平臥，稍微轉身，便是考驗肋骨的時候。入秋之後，所方發放額外綿被，將之當作床褥，晚上便不再痛醒。但區選前夕，夢見民主派敗北，逆權運動被打沉。林鄭咧嘴而笑，猛然驚醒，寒夜中竟額頭冒汗！

　　區選當天早晨，懲教署職員在餐廳提醒已登記選民的獄友可排隊投票，我一個箭步走在前頭。工場的獄友共 50 多人，只有 6 位履行公民責任。投票所設在另一工場，有接待處、有投票櫃檯，過程井然有序。

　　我拿著選票，心裡分外感謝前人為囚犯爭取政治權利。要

100　編注：此指 2019 年香港區議會選舉。

知道在羅湖橋的另一面 [101]，連普通人的投票權都被剝奪，而在大陸的看守所或監獄，講人權更是痴人說夢。像英國駐港領事館職員鄭文傑 [102] 最近在中國看守所內的遭遇，對我來說並不陌生。因為雨傘運動，我在香港和國內的好友都經歷過被拒絕接觸律師、疲勞審訊、限制在極小的空間內踱步、毆打電擊、拍片認罪等。亦都是這些林鄭認為是「廢話」的事實，我入獄前最後的囑咐都是希望港人團結反送中。

今天我身在囹圄，懲教署並無因為我是政治犯而有任何不合理的對待；相反，許多前線的職員都十分友善。但當我目睹香港警隊疾速崩壞，便覺得不能視文明的監獄和公正的選舉為理所當然。許多專制政權肌理的衰敗都是一步步從軍警濫權走向虐待政治犯和選舉舞弊，港人必須戒慎恐懼、時刻警醒。

投票過後，是另一個難眠的夜晚。黎明之前，我已經聽著收音機等待 5 點整新聞報導。當知道民主派大勝，我興奮不已卻又不能吭聲，怕吵醒在軟墊上享受清涼美夢的獄友。

101　編注：指中華人民共和國。羅湖橋為連接香港和中國內地唯一的鐵路橋梁。

102　鄭文傑失蹤事件：2019 年 8 月 8 日，英國駐港總領事館職員鄭文傑（Simon Cheng），從深圳搭高鐵返回香港途中被大陸警察拘留 15 天，期間音訊全無。8 月 26 日，深圳羅湖警方稱鄭文傑被拘留是因其「嫖娼」，警察是「依法辦案」。鄭文傑被釋放後對外媒表示他受到拷問並被迫認罪，後於 2020 年 6 月獲英國政治庇護；同年 7 月，他被香港警方以「煽動分裂國家、勾結外國或境外勢力危害國家安全」罪名通緝。

我期望這批在「時代革命」下催生的議員能為我們的社區帶來新氣象，將「地方行政」變成「社區營造」。過往 30 多年，許多區議員變成「代理人」，將居民的問題以個案處理，寫信轉介政府不同部門，而較少通過公眾參與過程，讓居民與 NGO 商議在行政渠道以外改善問題的方法。過往區議會的撥款，都是用作興建社區設施和政治分贓給親建制的社團辦些歌舞昇平的活動，現在能否用於一些促進居民交流、互動、協力創造更美好社區的空間和活動？

　　相對於行政和立法機關，區議會是最具民意基礎的公共機構。現在民主派在多個議會已取得大多數議席，有充分的「議程設定」權力，日後在監督政府的施政、促進政策和制度創新更能代表港人發聲。政府如繼續強行苛政，必定四面楚歌。

　　今天是入獄以來少有心情如此愉快的一天，更覺得要相信我們的未來。新聞報導民主派在區選大勝，有幾位年輕獄友一臉茫然，無法理解。我便趁機向他們解釋在獄中看太多 TVB 和《東方日報》的報導與真實世界差距有多遠，出了一口憋氣。

12月1日
1492 中國想像

　　1492年，舊世界結束、新世界開始。費南德茲—阿梅斯托（Felipe Fernandez-Armesto）在《1492：那一年我們的世界展開了》(*1492: The Year Our World Began*)[103] 如是說。

　　那年，哥倫布發現新大陸，打亂了舊世界的秩序。是什麼驅使他冒著生命危險朝著莫名的海域進發？是對中國的想像！船隊是從戈梅拉（Gomera）[104] 出發，那港口與地球另一邊的廣州是處於同一緯道上，只是那次是破天荒往西航行。

　　歐洲人通過馬可・波羅（Marco Polo）早已窺見文化鼎盛的中國，但從陸路前往中國不單路程遙遠，而且要經過許多伊斯蘭國家，對基督教背景的商旅帶來巨大的信仰以至生命財產安全的挑戰。地中海國家如葡萄牙、西班牙憑藉其航海技術，早已通過海路向東面進發，從非洲獲取大量黃金，又從印度等

103　Felipe Fernandez-Armesto, *1492: The Year Our World Began* (London: Bloomsbury, 2009).
104　戈梅拉：位於西班牙加那利群島。

亞洲國家購入在歐洲人眼中和黃金等價的胡椒和肉桂等香料，為這些冒險家和其金主帶來巨大財富。

但那是用生命換來的財富。在 15 世紀，航海技術仍未成熟，船長手中根本沒有完整的世界地圖。他們向著東方進發的時候都會等候逆風，以防在大海中迷失方向，逆風仍可把船隊帶回起點。

哥倫布認為地球既是圓形，為何不往西航行穿越大西洋到達東方？他相信世界其實很細小，只需花上幾天便能到達中國，結果卻是在驚濤駭浪中亂竄了兩個月，在船員快要叛變的情況下，登上了中美洲加勒比海一個島嶼。當時哥倫布還以為自己到達了日本，而不知道是在歐、非、亞以外發現了「第四世界」，可見歷史是由一些有想像力又帶點魯莽的人創造的。

但哥倫布這次能「成功」冒險，首先是一群金主願意放手一搏提供贊助，他們又是什麼動機？除了一群在西班牙南部西維爾（Seville）的銀行家被他說服開拓中國瓷器貿易可帶來鉅富外，斐迪南國王與伊莎貝拉女王在殲滅西班牙最南部格拉納達（Granada）的伊斯蘭王國後，亦需要財富支持他們攻打耶路撒冷，成為《聖經》啟示錄預言中「基督再臨」前的「最後王帝」，所以亦支持他往中國尋寶。

賈德・戴蒙（Jared Diamond）在《槍砲、病菌與鋼鐵》

（*Guns, Germs and Steel*）[105] 一書中完全沒有觸及這些宗教因素，卻以地理環境來分析何以是歐洲人征服新世界而非倒過來被美洲或非洲土著征服。他指出歐洲和亞洲比非洲和美洲更早從狩獵社會進入農業社會 [106]，而農業社會產生的剩餘糧食便可供養專業的軍人和工匠，令歐亞更早脫離石器時代而用鐵來製造武器。此外，農業社會造成人口聚居亦令歐亞大陸的人身體更早對一些流行病菌產生抗體。結果西班牙人沿著哥倫布的航線到達美洲時，只需要 150 個士兵，憑著火槍和身上的細菌，便殲滅了手持刀劍的 8 萬印加帝國大軍和數以萬計沒有抗體的土著，歐洲的殖民地從此擴展。

賈德・戴蒙在書末問了一個問題：為什麼中國同樣由於優越的地理環境而提早進入農業社會，最後卻是歐洲人統治了新世界？他的答案是中國太早統一，缺乏歐洲般的多元競爭而令科技在發明之後沒有積極地在應用中改進。而《1492》的作者也認為鄭和下西洋的艦隊規模已超越歐洲的水平，只是物產豐盛的中國沒有誘因去擴張帝國成為新世界的征服者。

過往 30 年，整個西方世界和 1492 年時一樣，都是爭先恐

---

105 中文版見賈德・戴蒙，《槍炮、病菌與鋼鐵》（臺北：時報文化，2015）。
106 因為歐亞地區可供馴養的動、植物較多，而且馴養技術的傳播是東西方向互相影響，氣候的跨度較小。而美洲、非洲大陸要在南北方向傳播，跨越不同緯度，造成物種難以適應，因此歐亞比起美非更早進入農業社會。

後與中國進行貿易以期帶來巨大的財富。但近年美國開始憂慮崛起的中國不單挑戰西方的領導地位更可能威脅文明世界的秩序。歐洲卻仍在競爭的壓力下猶豫是否跟隨美國一些人的「圍堵中國」主張。但只要習近平繼續收緊權力，新疆的集中營、對香港民主運動的打壓和明年全面實施的社會信用系統[107]以大數據監控人民，將迫令西方面對一個「美麗新世界」在東方出現的事實，而要反思是否仍要執迷於自1492年起的中國想像。

107 中國即將全面推行「社會信用系統」，原意是利用公開透明的數據，讓沒有誠信的政府機關、企業和個人受到制裁。但因為個人資料較易搜集，估計最終會用作對公民的控制。系統會記錄個人在經濟領域違反誠信的行為，譬如欠交帳單、貸款不還等；在政治和法律上，如有惡性上訪、示威鬧事、在網上批評政府、刑事紀錄等都被扣分。相反，見義勇為、按時付款繳稅等則會加分。負分到了某個水平，可影響個人長途旅行無法購票、失去信用保證甚至升學就業。

12月8日
人人應拿起磚頭

　　區選以後天色特別蔚藍，鳥兒不住地唱歌。收到家人來信說媽媽投票當天擔心出錯弄成廢票，所以在選票上蓋印後，心中先唸兩次「五大訴求、缺一不可」，讓墨汁乾透才對折選票。不要小看這些微小的努力，它們集結成一次「變相公投」，從特區一直打臉到北京政府發言人，令他們無法代表「廣大的特區民眾」說話，而各國政府亦可確定大多香港人是站在抗爭者那一邊。

　　香港人怎能不抗爭？當年江澤民說香港與內地的關係應是「井水不犯河水」，不搞六四燭光集會、不變反共基地，中央亦不想事事管著香港。今天，主管香港事務的京官會覺得江主席太過 simple and naive（簡單天真）。他們要全面管治權、指揮特區的警槍警棍、迫令特區就保護國家安全立法和成立執行機構，而且訓示法庭要配合政府施政、教育部門要整頓大中小學教育，全面鋪開愛國愛黨教育。

　　處此形勢，公民社會必須全力自我保衛（self defense），盡

用體制內外一切力量防止獨裁黑手伸向不同角落。所謂「公民社會」便是由民間團體及網絡形成的「自我組織結構」(structure of self-organization)，而「自我保衛」則可透過下面一個遞進的系統來描述[108]：

一、公民社會首先是由不同的群體在各種社會領域中凝聚民間的信念與文化、代表不同的利益。社區組織、文藝團體、工會等都是例子。

二、透過溝通對話，群體之間漸漸尋索共同關注的議題並形成超越個別群體利益的社會核心價值。2003 年民間團體草擬的「核心價值宣言」、佔中運動的商討日和反送中運動中連登[109] 作為共識建立的平臺都是例子。

三、公民社會以社會的核心價值監督政府的施政，譬如指出《基本法》23 條的草案如何損害出版及言論自由、全國人大常委會「831 決定」如何違反普選的國際標準、《逃犯條例》的修訂如何危害法治。

四、當政府一意孤行違反核心價值而施行苛政時，公民社

---

108 詳細討論可見 Janina Frentzel-Zagorsak, "Civil Sociey in Poland and Hungary", *Soviet Studies*, Vol. 42, No. 4, 1990, p.759. 亦可參考陳健民，《走向公民社會》(香港：上書局，2010)。
109 連登：香港 LIHKG 討論區。

會可以透過遊行示威、罷工、罷市、公民抗命等來自
我保衞。

　　這次逆權運動如此波瀾壯闊，有賴各種線上和線下的動
員。各大、中、小學校友網絡發動的連署潮、專業團體協調的
法律、醫療和社工支援、基督徒與銀髮族化身保衞孩子的人盾
等，都見證一個網絡化社會的動力。

　　當政府要盡用手中的權力去改造社會的時候，公民要盡用
各種空間進行自我保衞。回到上述的系統的起點，我們要思考
的是如何「光復」不同的社會組織：法團校董會[110]、家教會、校
友會、業主立案法團、互助委員會、教會的執事會、專業團
體、工會、商會與及各種文化和服務團體，形成一個龐大的網
絡去捍衞我們的價值與文化。

　　大家都目睹了區選化為「變相公投」產生的民意爆炸力，
新世代的區議員更應運用其權力與資源支持居民自我組織，營
造一個有利公眾參與的社區。不要少看每個人微小的貢獻，面
對專制的洪水，必須眾志成城築堤防洪。每個人都應該拿起一
塊磚頭，不是擲向暴警，而是填補不斷漏水的堤壩。

110　法團校董會：指香港根據《香港法例》第 279 章《教育條例》的第 IIIB 部而成立
　　的校董會。

12月14日
梅花香自苦寒來

　　蔡東豪探訪後說我是「陳四萬[111]」，家人又說我在信中「報喜不報憂」，不想他們擔心。事實是在獄中確有難過的時刻，只是不想細嚼，免在高牆內悲春傷秋。就像在宣判之後被押到法庭的羈留室，首先是要伸直雙手戴上手銬；扣上時「卡咯」一聲，如針直刺心扉。從法庭「過界」至荔枝角收押所，又要換上另一個沉甸甸的手銬，壓得腕骨發痛；一掙扎，鎖上得更緊。到達後打開，只見一道瘀紅的斑痕，那是囚犯的烙印。

　　進入羈留所第一分鐘開始，便可預見自由的靈魂將在高牆內承受何種折磨。登記資料時一位職員粗魯地說：「手唔好碰到檯，禮貌一啲！（手不要碰到桌子，禮貌一點）」（哇！誰知道有這樣的規矩？為什麼不寫在桌子上？）要見長官，先整理好衣服、單行排好。甫進房間便見地上一條黃線，警示不能太靠近長官。職員又提醒我手要放兩旁，不准握著手放在前方，

111　陳四萬：陳方安生，曾任香港政府官員、立法會直選議員。因於公開場合笑容滿面（四萬咁口）的形象，被暱稱為陳四萬。

說話前先叫「Good Afternoon, Sir」。我完全明白要盡速放下教授的尊嚴，學做一個小學生。

我在大學曾講解監獄作為「再教化」（re-socialization）機構的運作模式，對種種規訓早有心理準備。但始終血肉之軀，親身經歷難免有傷感時刻。譬如監獄管理中非常重視囚犯的數目，每轉到一個空間都要重複點算，確保沒有走失。直到傍晚從餐廳回到牢房，每個囚犯都要坐在床上等待夜間職員最後一次盤點，然後才一窩蜂去梳洗和鋪床。而我聽著職員將鐵閘上鎖，那一大把鑰匙在轉動時互相碰撞的聲音，分外難過，好像看著動物園職員關上鐵籠。

帶著這種心情，每晚我在入牢房前見到一些獄友倚著矮牆遠望初升的月亮和默默守望眾生的北斗星，便覺得他們是在呼吸晚上最後一口自由的空氣。這聽起來有點穿鑿附會，但在工場中，我經常見有獄友站在桌上從高掛的窗口往外窺看，臉上滿是憂怨。有一回，一位快要「出獄」的獄友天天工作完都蹬著腿在同一位置上呆望，我便爬上去看個究竟。原來在鐵窗外看到的，是清水灣道熙來攘往的車輛和遠處一個村落人們悠閒地打掃庭園，這是我們久違了的日常。

不過這一切並沒有讓我懷憂喪志。爭取民主難免要受牢獄之苦，最重要是心安理得，何況我有家人朋友全力支持，天天

亦有市民來信慰問。例如陳日君樞機，知道我一直遺憾未聽過〈願榮光歸香港〉，幾天前帶著樂譜歌詞到獄中與我同唱。獄友們見我們唱得起勁，以為是聖誕前預報佳音。

據說有近百位逆權運動的抗爭者被還押在荔枝角收押所，相信他們也經歷了一點我說的屈辱與哀愁。入冬了，寒夜中他們應倍感孤寂，希望他們知道歷史會還他們一個公道。「寶劍鋒從磨礪出，梅花香自苦寒來。」祈求牢獄不會摧毀他們的心志，反而讓他們變得更強大。

12月22日
小狗的制度自信

　　一國兩制便是中國模式與普世價值的博弈。監警會邀請的海外專家團在「跳船」前清楚宣告，現時制度設計並不符合文明社會對監督機構調查權力與透明度的期望。但北京卻高調支持警察，對這些「外部勢力」的意見置若罔聞。那麼，林鄭計畫成立的「檢討委員會」，會是中國特色的檢討還是國際標準的調查？

　　記得 2014 年的政改爭論亦是環繞在中國特色與國際標準的普選問題。北京要的「普選」，是在選舉前便確定當選者必須是「愛國愛港」；而大多數港人要的，是真正的選擇，對參選人和選民都不應設置不合理的限制。但這種文明世界對普選的理解，卻被中共認為是威脅國家安全。

　　在改革開放初期，中共對「外部勢力」不單不像今天般心懷敵意，當時更以資本主義為師。許家屯到香港就任新華社社長，一副墨鏡、一身幹部裝束，看得港人心驚膽跳。但幾年下來，他仔細品味香港的生活，覺得「先進資本主義」與馬克思

（Karl Marx）筆下 19 世紀的資本主義社會今非昔比，有許多東西值得中國學習。

這種論調與當時中國趙紫陽總理提出「社會主義初級階段」是一脈相承的。根據馬克思主義，人類社會發展會從資本主義進入社會主義，再進入共產主義。趙紫陽認為社會主義可能要經歷漫長的時間才能提升生產力至「各盡所能、各取所需」的共產社會，不能像毛澤東那樣操之過急搞大躍進。中國如果只是在社會主義初級階段，便應保留許多上一階段（即先進資本主義）的管理方式，因此應向西方和香港學習。

時移世易，自從 1992 年鄧小平南巡，深化經濟改革之後，中國漸漸摸索出一套有別於西方市場經濟的發展路徑，透過物質的激勵，引導地方政府創造條件吸引投資；再加上中央宏觀調控以及對核心產業的改造和掌控，創造出經濟奇蹟。有了這樣的底氣，中國不單以「強政府」拉動經濟發展為傲，更覺得可以在西方自由民主制度以外別樹一幟，提出「中國模式」。

其實這套中國模式能否持續帶動經濟發展仍是未知之數。沒有法治和良好的公司管治令上海難以取代香港成為國際金融中心；知識產權保護不足亦阻礙科研發展和知識轉移；粗放型的發展模式更是在消費未來，每年 GDP 的增長，並未反映環境破壞與健康損害帶來的成本。

過去一段時間，的確有不少中外學者[112]追捧「中國模式」，認為中共「組織部」對人才的選拔優於西方民主制度，中共領導人都曾在基層蹲點經過多年磨練才攀升到權力的頂峰。這些論者往往低估制度性貪汙（包括買官）、派系鬥爭與官宦世家（太子黨）對政府與國企人才配置的干擾與其造成的社會不公。更致命的，是中共至今仍未發展出一套「權力更替」機制。建國以來，除了江澤民與胡錦濤能和平交接外，無一例外都是通過你死我活的「宮廷政變」方式完成。這算什麼模式？

　　習近平上臺以後，對中國模式的歌頌更像是夜行人吹哨子。先是來個「七不講」，普世價值、司法獨立、憲政等都成為禁忌。然後是取消國家主席的任期限制，令許多曾為中國辯護的「大好友」尷尬不堪。

　　中共一天到晚談制度、文化、理論、道路的自信，但看習近平每次講話都是板著臉孔如喪考妣、聽林鄭匯報要坐在龍椅上助威、出訪澳門弄到在人工島上將港人「送中」[113]，何來自

112　可參考 David Shambaugh, *China's Communist Party: Atrophy and Adaption*. (Berkeley: University of California Press, 2008) pp.23-40; 103-182. 中對一些「中國大好友」的介紹。 Shambaugh 本來亦長時間為「中國模式」辯護，但習近平上臺後他轉趨悲觀，2015 年 3 月 6 日於《華爾街日報》(*Wall Street Journal*) 發表了〈The Coming Chinese Crackup〉一文，加入了對中國悲觀的學者的行列。

113　編注：習近平於 2019 年 12 月 18 日至 20 日造訪澳門，而在 13 日，一名香港男子乘巴士經港珠澳大橋前往澳門，在東人工島被大陸公安帶走。

信？看看老牌民主的英國，面對地動山搖的脫歐關頭，強森（Boris Johnson）還是拖著小狗去投票。在記者簇擁下，小狗仍是淡淡定定，肯定牠的制度自信比維尼熊[114]超出百倍。

---

114 維尼熊：指習近平。因小熊維尼與習近平的身形體態相近，在網路上成為習近平的代稱。

12 月 29 日
決不虛作無聲

　　歲末本是溫柔的。過去我們一家人加上兩對老友總愛在這個時間結伴同行，在麗江古城的客棧、長江三峽的遊船、吳哥窟的古樹旁等，圍起來談新年願望：身體健康、出版順利、早日普選……。今年平安夜我困在高牆內，只能鑽進被窩，靜靜地聽收音機播著木匠兄妹（Carpenter）唱聖誕歌，溫婉的歌聲中滲出淡淡哀愁。

　　懲教署體恤獄友佳節倍添鄉愁，聖誕節加菜有雞腿和甜柑。晚上回牢房在那寒風凜冽的走廊上，有教會送來的禮包分發。看著那些巧克力、牛奶糖、洋芋片、餅乾，大夥兒像小學生般雀躍。我深深體會到坐過牢的人，能夠在炎夏喝一杯冰水、寒冬一杯熱咖啡、毋須隔著鐵窗鐵網看外面的風光，會是多麼甘甜。

　　因為寄來的聖誕卡數量頗多，所方審查需時，我在節日過後才能一一細閱。「我們沒有把你遺忘。」許多市民以這句話作為開始，很是貼心。在獄中日子久了，沒手機與人互動，會

覺得寫「書簡」時，像站在川流不息的鬧市中喃喃自語。但過去幾個月許多人是流著血和淚過日子的，根本沒心情過節，仍想起獄中的我們，怎不感動？

「看見中大烽煙四起，你定必憂心如焚。」卡中流露市民對警暴的憤慨，尤看不過眼攻打中大、理大[115]時咄咄逼人。記得當晚有一個記者說：本應有一位教授會衝上前線，但他卻在獄中。我亦想過多回，如果插著自由的翅膀，那晚會否飛到二號橋上，讓愛與和平擲汽油彈？作為和理非的始作俑者，這是不是有點不可思議？但一位記者朋友來信說她曾追訪一個女孩，在 6 月 12 日萬般掙扎應否踏上馬路參與佔領。但吸了太多催淚煙和目睹太多手足被打爆頭後，她漸漸從後方支援變成衝衝子，警察在西灣河向手無寸鐵的學生開實彈槍[116]後，她便告訴自己再沒有抗爭的底線。如果沒有高牆阻隔，我會像她般同樣地「進化」嗎？

「你們在雨傘運動播下的種子已經遍地開花，我希望你出獄時已是結果的季節，和大家在煲底見[117]！」讀到這些激勵的

---

115 香港理工大學。
116 警察向學生開實彈槍：2019 年 11 月 11 日，香港市民發起「和你周圍塞黎明行動」，兩名未持武器的學生在西灣河與警察發生衝突，在過程中被警方槍擊。
117 煲底：香港金鐘立法會綜合大樓地下示威區。因立法會會議廳建築底部像電飯煲（電子鍋），被稱為煲底。

說話，心裡反而一陣悲涼。香港的民主發展受制於北京，當局回應這場運動的方法是加強打壓而非政治改革。如果中國經濟繼續下滑，西方國家決心圍堵、國內利益集團因經濟受損而向習總逼宮，究竟他會將中國推向北朝鮮還是南韓、臺灣的方向？

　　不過，無論是悲觀或樂觀，許多自稱「廢中」或「廢老」的市民在卡中說他們「在溫水中被煮多年，終於在這場運動中醒覺。現在願意有錢出錢、有力出力、和勇不分、齊上齊落、抗爭到底！」一位退休教授寄來的明信片，上面畫的是一抹煙波中幾根水草上的一點黃光，背面寫上：「燃燈的有您，還有小小螢火蟲。」大家都掏出僅存的勇氣頂著凜冽的北風，就像另一張卡所寫：「我雖勢弱言輕，決不虛作無聲。」讓我看到鼻子酸起來。

2020 年

1月5日
社區革命‧歲月靜好

　　修例風波並未吹倒中聯辦的領導班子，但區選大敗，王志民[118] 便要匆匆下馬，可見選舉的威力。雖然民主派這次把建制派打到落花流水，但政府一定會盡用各種手段重奪失地。一方面安置一批「敗卒」進入不同的諮詢委員會和分區委員會，保存著他們的社會影響力。另一方面會設法架空區議會，官員（特別是警方）不出席會議或消極抵制，並繞過區議會由民政事務處和分區委員會直接舉辦活動，甚至可能削減區議會撥款。

　　民主派要守著這片陣地，除了要運用議會內外的權力與資源爭取五大訴求外，亦要以創新思維做好地區工作，讓居民不再眷戀蛇齋餅糭（小恩小惠）的日子。各區議會每年千萬元計的經費，過往都是用在「小白象工程[119]」、歌舞昇平的慶典和分利益給親建制的社團。未來即使政府真是削減經費，只要民主派議員

---

118 編注：時任中聯辦主任，在 2020 年 1 月 4 日遭免職。
119 編注：指政府官員為了獲取政績做的無用而浪費公帑的工程，規模小的稱小白象，大的則叫大白象。

不鋪張浪費，只要出心出力，有限的資源仍無礙更新氣象。

多年來我觀察臺灣的「社區營造」，即使政府提供的經費比不上香港，但憑藉公眾參與和跨界別的協作，一樣可以令社區生氣蓬勃。譬如以泡湯聞名的北投，除了有精緻的溫泉旅館吸引遊客和帶動地方經濟外，市中心的公園亦設有露天沐足場和溫泉博物館。在參觀博物館的時候，我發覺館員分外親切，令我對臺灣公務員的服務態度刮目相看，後來才知道她們大多是當地居民，是訓練有素的義工。

從博物館往山上走一小段路，你會見到北投社區大學。「大學」的校長是當地一個醫生，亦是北投社區基金會的創辦人，近年患上嚴重眼疾仍不辭勞苦服務社區。社區大學的校址原是一間小學，臺灣出生率下降，學生不足造成廢校，基金會便向政府取得這荒廢了的校舍推動社區教育。

這種社區大學在臺灣已是遍地開花，大學並非提供正規的學位課程而是像香港的社區中心或工會辦的興趣班。但比較有理念的社區大學會通過這些課程去凝聚社區。譬如利用攝影班和寫作班訓練「公民記者」，幫助出版社區刊物；歌唱班的畢業生亦可組成合唱團到老人院表演。我看這些社區大學的設施都比不上香港的社區中心，但他們卻有更強的參與精神。

除了服務以外，北投的社區基金會亦曾反對政府在當地興

建登山纜車。有別於一般連署運動，他們首先研究該計畫將造成的環境影響，並通過展覽讓居民了解纜車沿線將破壞哪些樹木和生物棲息地。基金會又與大學合作，建立區內珍貴樹木的數據庫，居民用手機掃描樹身上的二維條碼便可知道該樹的詳細資料。

在這種保育的氛圍下，北投圖書館成為臺灣的一個地標。這個獲得綠建築獎的圖書館採用本土的木材，書架亦降低至及胸高度，好讓日光從四面穿透。在露臺的長廊，居民可倚欄靜賞建築物兩旁的溫泉水涓涓細流。

香港的社區生活在功利的發展模式中日漸消逝，這場逆權動運卻連商場的「中庭」都光復了，不能不說是革命。但在抗爭以外，我們能否提高社區生活的品質，讓大家散步談天，歲月靜好？

1月12日
良知經濟圈

　　黃色經濟圈[120]冒起，謗亦隨之。其中一種指謫是以政治立場滲入消費、加劇社會分化。但藍黃[121]對立，並非西方左右翼或者臺灣藍綠政治立場的差異，而是對「以謊言和暴力維持政權」的表態，是黑與白的良知抉擇。既是這樣，黃色經濟圈和早已存在的「良心消費」（ethical consumption）是一脈相承，只不過以往消費者透過杯葛破壞環境或損害生產者權益的產品，或者購買環保或公平貿易的產品去表達一種信念，現在卻把這種理念延伸至自由民主領域，是對暴政的日常抵抗。

　　受到良心消費運動的衝擊，生產和服務領域曾產生巨大的變化，投入黃色經濟圈的朋友亦可參考。首先是企業社會責任（Corporate Social Responsibility, CSR）的發展，傳統 CSR 是透過公司慈善捐款或組織員工做義工而進行，但較先進的 CSR

---

120 黃色經濟圈：香港支持反《逃犯條例》修訂草案運動者，在消費時優先選擇同樣政治理念的店家（黃店），形成特殊經濟圈。

121 藍黃：親中國政府與支持港警的人稱為「藍絲」，支持反《逃犯條例》修訂草案、民主派者為「黃絲」，和他們有共同理念的商家則被稱作「黃店」。

則要求公司在採購、生產和銷售過程都要注意環保、勞工權益和其他社會影響，那作為黃店應有什麼社會責任？

第二是「社會企業」的出現。所謂社企，便是為了解決社會問題而成立的企業。傳統社企有三種：其一是專為弱勢手足提供就業機會；其二是直接為弱勢群體提供價廉的用品和服務；其三是公司將所有盈利捐作慈善用途。新型的社企還嘗試在生產或服務過程中傳達先進的理念，提升弱勢群體的自信，對抗歧視。香港會否出現完全為了推廣民主理念、支援抗爭者的就業、醫療、法律等需要的金黃色企業？

第三在投資方面，美國早年已有運動要求大學或大型慈善團體的固定基金（endowment fund）不能購買賭場、菸草或涉及南非（因其推行種族隔離政策）的股票。為了滿足投資者對社會責任的關注，亦有一些如「綠色基金」的投資組合出現。此外亦有「社會天使」和「社會創投資金」以低息貸款或入股方式支持社企的成立。更有些人推動股東行動（shareholder activism），購買某些企業的股票後，如香港的「股壇長毛[122]」大衛・韋伯（David Webb）般出席股東大會，發言挑戰公司的社會責任表現。

---

122 編注：因為政壇有別號「長毛」的梁國雄不斷衝擊體制，大衛・韋伯便被稱為股壇長毛，指他為大企業製造麻煩。

第四是通過「社會審核」（social audit）來確定企業是否有履行社會責任。有些品牌會公布他們的生產工廠名單讓公眾或專業審計機構進行查驗。亦有專門評核機構對宣稱有機產品公平貿易、可持續捕魚或伐木的公司進行評估，再以標籤向消費者公告。這涉及到香港黃店標籤的鑑定，如何避免魚目混珠或誤傷無辜。

由於篇幅所限，本文無法再介紹「良知經濟圈」涉及的培訓和公共政策，而作為一種抗爭的手段，黃色經濟面臨的政治壓力是以往涉及環保或勞工權利等議題的企業不能比較的。更不一樣的是，只要香港實行民主，這種以消費抗議暴政的黃色經濟圈相信亦會隨之消散。

臺北的紫藤廬曾經是黨外人士聚集之地，今天不分藍綠大家都在那裡喝茶賞畫。臺灣在大選期間的確鬧哄哄，但經歷幾次政黨輪替後，大家都學懂尊重選舉結果而在日常生活中與政治保持一點區隔。誰都想「人樂太平無事日，鶯花無限日高眠」。特區政府天天買廣告叫人們珍惜香港、回復平靜。但沒有公義，又怎會有真正的和諧，不分藍黃呢？

1月19日
一縷輕煙寄哀愁

　　如果一個囚犯獨坐一角拚命地抽菸，這個人過幾天便會死去。

　　這是《活出意義來》（*Men Search for Meaning*）對二次大戰時猶太人集中營的描述。菸在集中營中是稀缺物品，因此變成最強的貨幣，可以從其他囚犯手中換取食物。如果一個囚犯狠狠地將僅有的香菸抽盡，反映他已失去求生意志，只圖當下的感觀享受。失去了求生意志，在營中很快便會感染病菌，然後在沮喪中死去。

　　在香港的監獄，沒有食物不足的生存問題，但香菸仍然十分珍貴。特別是剛入獄未能儲到工資買菸的獄友，整日坐立不安，看到香菸瞳孔便會放大。菸癮那麼大？我不坐牢亦不知道香港人是這樣吸菸的。

　　清早起床第一件事便是點上菸，早餐、午餐、晚餐之後要吸「餐後菸」。開工前要吸、收工要吸、散步要吸、如廁當然要吸。睡前雖然吸了，但午夜夢迴，我上廁所時亦會見到獄友

靠在細小的氣窗前，默默看著一縷輕煙帶走哀愁。

不過吸菸不單是為了鬆弛神經，香菸其實會把獄友連結起來。不是很多人喜歡獨坐一角抽菸的，一般都會找一兩位兄弟一面抽一面聊天。如果是工資快用完、缺菸的日子，幾個人分享一支菸是非常平常的事，那是真正相濡以沫的手足之情。

許多人都知道獄中餐廳座位的編排有一定規律，種族和黑道背景是很自然的聚合因素。這並不代表一定有什麼非法勾當，只是人進入一個陌生的環境會失去安全感，和背景相同的人圍爐取暖是很重要的照應，所以在獄中出於社交需要而吸菸會愈演愈烈，戒菸都失敗居多。

因為抗爭而入獄的人就很難馬上融入各類圈子。「政治犯」往往受到所方特別關注，剛入獄時許多獄友都不敢和他們談話，免被獄中的保安「照肺」（質問），孤獨感特別強烈。懲教署亦避免將同案（甚至同類案）的犯人放在同一監獄；即使同一監獄亦會分配到不同工場，抗爭者難以找到手足互相傾訴。獄中的電視多是看 CCTVB（諷刺 TVB 有如中國中央電視臺 CCTV 的稱謂），獄友為了「男極圈」（色情版）亦多訂閱《東方日報》，藍色思維氾濫，分外令人寂寞。

據說因反送中運動入獄的抗爭者被獄友稱為「暴動仔」，他們的處境可能比雨傘或魚蛋革命入獄的人困難。一方面要靠

他們不朽的信念頂著，此外便是靠家人、朋友和市民的支持。最近收到幾百張慰問卡，對於我這個不愁寂寞的人都產生莫大的鼓勵，何況那些不知要面對多少漫漫長夜的手足？

1月25日
最幸福的時刻

農曆年三十晚上 7 點多，獄友們吃過飯後緩緩走回牢房，沿路一片迷霧，依稀見到遠處有人在分發新春糖果。那個時間本應是與家人吃年夜飯，今年我缺席，不知他們心情如何？

我在中大曾講授「日常生活社會學」，其中一課我會要求學生先靜下心來，想一想他們人生中最幸福的時刻，然後將之畫在紙上。這個習作源於日本電影《下一站‧天國》，片中講述每一個死去的人都會去到一個過渡性空間，被幾個「天國使者」面試，要他們回答上文「幸福時刻」的問題。

有些人不假思索便有答案：第一次駕駛小型飛機衝上雲霄、和美麗的女人上床等。這些使者聽後便會按照答案搭建布景，譬如藍天白雲和撲面的疾風，然後將那位陶醉於飛翔中自由自在感覺的死者送往天國。天國便是人間經歷的幸福時光。

但有些人就是無法回答這個看起來簡單的問題，苦苦思索仍無頭緒。這個時候天國使者會為他們安排有錄影機和電視的房間，讓他們翻看一生的片段，慢慢尋找那幸福時刻。使者有

時會給提示，譬如建議某先生選擇生前與太太共度的悠閒時光。但這些使者反而無法為自己的人生找到答案，所以便一直留在這個空間當上義工，協助他人尋找天國。

我喜歡放著悠和的音樂，等待學生徐徐畫上那幸福時刻，但總有些同學與電影中的使者一樣，一臉茫然。收集了這些圖畫後，我會一面在課室投放出來，一面用麥高登（Gordon Mathews）教授《人生的意義是什麼？》（*What Makes Life Worth Living?*）[123] 一書的架構，分析是「個人成就」或是「群體生活」讓人覺得不枉此生。

這些年來我一直保留這些圖畫，當中有許多讓我非常觸動：小時候爸爸背著她看星星、中學時媽媽每天帶著小食在某街角等她放學……。但最頻繁出現的畫面，是一家人圍在一起在家中吃飯，旁邊還有電視機一直在播放節目。知道幸福餐桌的重要性，我最近寫信給女兒，囑咐她無論將來在香港或海外工作，年底一定要重聚吃團圓飯。也因為這樣，當葉建源探訪

---

123 Gordon Mathews, *What Makes Life Worth Living: How Japanese and Americans Make Sense of their Worlds* (Berkeley: University of California Press, 1996) 分析美國許多人以個人成就或經歷去界定幸福生活，而日本則以家庭、朋友等關係去確定如何生活才有意義。

我時，談到當天到理大勸一些學生離開「戰場」時 [124]，有些年輕人說因為這場抗爭已弄到無家可歸，聽後令我異常難過。

這個年三十沒有除夕團圓飯了，我如常在牢房中教幾位獄友英語。我通常會教他們一些食物名稱、旅行時機場和酒店check-in 的對話，將他們的思緒帶到未來美好的日子，提起他們學習的動機。那晚我教他們一些普遍疾病的名稱，以備他們日後帶家人外遊時，遇到不適亦懂得買藥或尋醫。我看一位剛當爸爸的獄友異常努力地學習，重複讀著 runny nose（流鼻水）、diarrhoea（腹瀉）。百無禁忌，願他們早日與家人團聚、願抗爭青年早日得到家人諒解。

---

124 編注：此指 2019 年 11 月 17 至 18 日「理大圍城」，香港警察圍堵反修例示威者，最後演變成包圍香港理工大學紅磡校區。葉建源時任立法會教育界議員，與立法會前主席曾鈺成、港大法律學院首席講師張達明等人居中協調，與香港政府達成協議，最終進入校園帶走被圍困的 300 多名學生。該起事件最後被逮捕者高達 1,377 人，其中 18 歲以下者有 318 人。

2月9日
瘟疫蔓延中出獄

　　獄友 A 每早都和我互相問候，每次都告訴我他覺得「So far so good」。坐了 10 年牢，他總是掛著一絲微笑，並不多言。偶然在黎明前我醒來，與睡在床上的他四目交投。我問他為何睡得不深，他說掛念家人。一個月前他請我代筆寫信給入境處，表達願意在刑滿後馬上被遞解出境，早日與家人團聚。臨近出獄，我見他反而沉默起來。一問之下，原來是擔心會被隔離 14 天才能離港。我告訴他非洲沒有這樣的要求，他便欣慰地笑起來，覺得心情是 good 了。翌日清晨，他拿著一大袋行李，和我相擁告別。

　　獄友 B 應有 25 歲吧，但仍一臉稚氣，有時卻目光散漫，呆上半天。年輕獄友捉弄他，要他向資深獄友請安，他一一照辦。我看他身材肥胖，便和他分享跑步心得，漸漸熟絡起來。他抱怨自己命運暗黑，為了多賺點錢，工作之餘拚命溫習考了的計程車執業登記證，誰知開工只有幾天，便遇上一個脾氣暴躁的乘客，擾亂了行車路線而發生意外，導致一個行人死亡而

鋃鐺入獄。

　　他覺得上天在作弄他，由沮喪變成憂鬱。我除了用馬汀·塞利格曼（Martin Seligman）的「學習樂觀」（Learned optimism）[125]理論提醒他不要鑽入死胡同外，最後亦忍不住說：「有些悲劇是源於性格的弱點。你不覺得自己沒有主見，容易受人擺布嗎？」他馬上點頭，我想那乘客不是第一個在他人生路上「亂點」他的人。「其實你說自己『黑仔』（倒楣鬼），那個死者不是比你更黑（倒楣）嗎？」他猶豫了一會，壓低聲音回答：「我有向死者親屬道歉，但他們不接受。」我只能撥開心理學，和他談點形而上的東西。「這是業吧。你如真誠懺悔，不如出獄後每月捐點錢或者去捐血，救回另一條生命。」他一臉狐疑，最後輕輕地點了頭。出獄那天，他靜靜地把許多包洋芋片放進我的櫃子裡。

　　第一次遇上獄友 C，見他一臉慈祥卻滿頭白髮，差點叫他作阿伯。誰知他只比我大幾歲，竟然是殺人犯，坐了近 30 年牢，滿是歲月痕跡。他說當年聽到法官判他終身監禁，腦海一

---

125 Martin E.P. Seligman 是正向心理學（positive psychology）的創始人。在 *Learned Optimism* (New York: Vintage Books, 2006) 中他指出當代憂鬱症愈來愈嚴重，但藥物卻只能處理一些徵狀。他主張要改變人們對自己處境的解讀方法（explanatory style）去處理憂鬱症，譬如避免將局部的問題誇大為整體問題、一時的挫折看成永恆的倒霉以及將所有責任放在自己肩上。

片空白，只聽到在旁聽席的太太呼天搶地嚎哭起來。

他曾有「度頸」（自殺）的念頭，因為很難承受一生失去自由，但原來這並非最痛苦的事。他其後中風，靈魂被動彈不得的身體囚禁著，失去自理能力亦失去尊嚴，那才是苦不堪言。在那關頭，他受洗歸信基督，對當年在酒精影響下鑄成大錯懺悔不已，每晚在祈禱中都向死者道歉。

不過能讓他放棄自殺念頭、讓他積極康復過來的，始終是他不離不棄的太太。「20 多年來，我每一天都是在歉疚中度過。她的朋友都說要看看是怎樣的一個男人值得她等待如此悠長的歲月。」我入獄時間雖短，卻完全明白他的歉疚。他快離開了，盼望他們夫妻和天下有情人，在這瘟疫蔓延時能平平安安團聚。

2月16日
與遺忘鬥爭

　　收音機壞了、郵政停擺，與世隔絕的日子惟有埋首書堆，一口氣讀完高華的《紅太陽是怎樣升起的》[126]。談的雖然是1942年中共在延安的整風運動的來龍去脈，高教授發現當時的鬥爭模式一直影響到今天，而我更認為已禍及香港。

　　林鄭早前說接受不到「香港有警暴」這個說法，我相信大部分港人都接受不到林鄭這些廢話，但既然她已是 irrelevant（無關緊要的人），講乜（說什麼）已無所謂。香港警察更是心知肚明，現在中共依靠的是警棍治港，中聯辦主任和特首可以走馬燈般轉換，惟有警隊對中共的「忠誠」和鎮壓異己的「勇毅」才是不動如山。

　　前線警員教育水平偏低、長時間接受服從上級的規訓，本來就容易被政治操弄。中共長期對警隊的統戰，領導層思維的偏差，造成對外抗拒社會監督，對內縱容濫權濫捕，對付示威

---

126 高華，《紅太陽是怎樣升起的》（香港：中文大學出版社，2011）。

者的手段愈來愈與大陸的公安、城管看齊。

有評論說中國的法治一直在改善當中，譬如取消「收容遣送」和「勞改制度」都是防止公安繞過法院濫用權力，而愈來愈多法規出臺（發布）都意味要規範官員的權力。我們毋須全面否定中共「以法治國」的舉措，但只要涉及政治的案件，獨裁者猙獰的面目便表露無遺。說到底，是中共「黨大於法」的觀念絲毫未變。

我每次讀到李文足探望在獄中的丈夫、維權律師王全璋[127]的報導都心如刀割。我們坐牢的，日夜盼望家人探訪，但王全璋在探訪時卻是低著頭、沉默寡言。他形體枯槁、牙齒掉落、目光散亂，只懂得囑咐太太不要對外界亂說話，探訪時間未結束便匆匆返回牢房。他在獄中遭受什麼待遇，我們毋須瞎猜。早前英國駐港領事館職員鄭文傑在大陸遭受嚴刑逼供，包括四肢被鎖、坐無影凳、用硬物毆打等，王全璋吃的苦怎會比這個少？

高華教授的研究發現，早在 1930 年毛澤東在江西的根據地，為了對付國民黨奸細，認為對疑犯「非用最殘酷拷打，他們決不肯招供。」當時某縣使用的肉刑高達 120 多種，包括雙

---

127 王全璋：中國維權律師。於 2015 年 7 月 9 日，「709 維權律師大抓捕事件」中被逮捕，被控顛覆國家政權罪，服刑 5 年後，於 2020 年 4 月 28 日被釋放。

手吊起用竹掃帚毆打、用香火或媒油燒身、將手釘在桌上、用篾片 [128] 插入手指甲內、用槍通條燒紅捅肛門等；甚至嫌疑人的妻子亦被刑訊，包括用地雷公打手 [129]、香火燒身、燒陰戶、用小刀割乳，不下於滿清十大酷刑。

我毋須再詳列中共在福建捉「社民黨」和在延安「捉鬼」時，透過強迫自我檢查、批鬥大會和屈打成招，逼到多少理想主義青年精神崩潰，甚至跳崖自盡。這些鬥爭手段一直延續至中共執政以後，以排山倒海之態波及全國民眾。文革以後即使有呼聲要反思這些錯誤，但中共卻認為糾纏在過去的歷史無助向前改革，其實是怕這種反思會觸動到最敏感的問題：這一切罪惡的制度根源。

張建宗 [130] 曾勸大家向前看，不要糾纏於 7.21 元朗恐襲事件，這與中共的思維何其一致！昆德拉說：「人與政權的鬥爭，就是記憶與遺忘的鬥爭。」不想肉刑臨到香港，必須追究警暴。

---

128 篾片：薄片。
129 地雷公打手：拿竹籤往指甲縫裡插。
130 時任香港政務司長。

2月23日
佔中案為何上訴？

「上帝很愛你，把你放在最安全的地方。」許多人在警察濫捕濫暴時寫信給我都說這話。武肺爆發，這句話多了一重意義。

當年 SARS 肆虐，與世隔絕的監獄安全無恙。在這裡，探監是隔著玻璃提著電話談心，沒有飛沫。許多獄友報讀遠距課程，為的是在頒發證書時可與親人擁抱、相濡以沫。不過監獄是非常密集接觸的環境，稍有病毒入侵，一發不可收拾。新聞報導內地的監獄已經失守，這裡亦緊張起來，趕快在工場和牢房大掃除。

香港的確診數字暫時並不算高，可能是大多數人沒有將口罩「戴咗也要除番」（戴了也要拿下）[131]，也沒有「勇毅」地唱 K 聚餐。過去一段日子的「動亂」也可能嚇得自由行在春節時不

---

131 編注：語出林鄭月娥 2020 年 2 月 4 日在記者會上的言論。因為香港政府採買口罩不及，用量吃緊，林鄭月娥表示下令官員非必要不得戴口罩，就算戴了，也會叫他們拿下來。

敢南下，抗爭儼然築起區隔北方病毒的屏障。雖然如此，高官說「疫情受控」顯然是言過其實，至少法庭仍在半停擺狀態。因為擔心佔中案有太多上訴人、律師、記者和公眾出席，法庭宣布上訴無限期押後。

我雖然被判 16 個月監禁，但只要在獄中行為良好，沒有被鎖進「水記」（單獨囚禁室）和「加監」，便能自動削減刑期三分之一，在 3 月 14 日上午踏出壁屋重獲自由。因此，上訴成功與否對我個人的影響不大。我們要打這場官司，為的是不想留下一個不合理的案例，影響後來的抗爭者。

在普通法的傳統中，公民抗命的案件與一般的刑事犯罪不能等量齊觀。參與公民抗命的動機是為了社會公義、手段是非暴力並且願意承擔法律責任。法官一方面可接納被告在道德上無可指謫，但另一方面由於抗爭者觸犯法律，判其有罪亦是應有之義。在這種兩難中，法庭應「自我約束」其權力，即使將抗爭者定罪亦應盡量輕判。

但佔中案的主控卻搜索枯腸，由原先警誡被告可能干犯「未經批准集會罪」轉為在普通法中的「串謀、煽惑及煽惑他人煽惑造成公共妨擾罪」[132]，目的顯然是為求重判被告。這與普

---

132 有關佔中案的審訊和公共妨擾罪的問題，請參考陳健民主編《審判愛與和平：雨傘運動陳詞》（香港：進一步，2019），特別是吳靄儀博士寫的序言。

通法中寬鬆對待公民抗命的精神相違背，但主審法官竟毫無懸念地接納這些控罪（其中煽惑他人煽惑罪在同是普通法的澳洲已被判為違憲）。

我刑期快滿，當權者以為牢房可以摧毀我們的信念實在是高估了高牆和鐵窗的威力。我們要上訴，因為若用公民抗命去追求民主，只會換來法官譏為天真並判以重刑的話，就不要怪罪年輕人說：「是你教我和平示威是沒用的！」

3月1日
沮喪與憤怒

是文字的誘惑嗎？多年來讀了許多異見者的獄中書，最後自己也在高牆內寫信。

曼德拉 20 多年的青春在獄中度過，寫成了《漫漫自由路》（*Long Walk to Freedom*）[133]。甫入獄，他發覺種族歧視滲透至每一角落，黑人囚犯的麵包總是少一點，囚衣總是過短。雖然坐牢是那樣卑屈無助，他卻迎難而上爭取同牢同權，堅信革命要從顛覆生活中習以為常的不義開始。

這讓我想起邵家臻說爭取犯人權利是「天命」，是「赤柱磨成針」（赤柱是邵家臻被囚的監獄名稱，音近鐵柱）的決志。第一天我們一起進荔枝角收押所，他很快便臥倒床上，廁所的牆壁卻留有他嘔吐的痕跡。我當時以為他是承受不了入獄的打擊，誰知他「通完波仔」（疏通心藏血管手術）、走過生死之後

---

133 Nelson Mandela, *Long Walk to Freedom* (London: Abacus, 1995) 記錄了曼德拉的抗爭歷史，而 Joel Joffe, *The State vs. Nelson Mandela* (London, Oneworld, 2014) 則詳細記錄曼德拉的受審過程。

便緊隨曼德拉的腳步，一直爭取改善監獄的環境。

我倒沒有這種能量。參與政治多年，我只想躲在獄中看書、跑步、靜觀其變。物質的匱乏讓我心靈變得敏銳。對於監獄種種，我不帶牢騷地先去經歷，細味箇中苦澀。

記得捷克的哈維爾（Vaclav Havel）在發表完《七七憲章》後便被捷共投進牢房，在獄中寫了百計的書信給太太[134]，裡面不乏牢騷。他投訴太太遲遲未送藥進來，讓他被痔瘡折磨得死去活來；他又埋怨太太不理解茶葉對他有哲學意義，因為每個下午選擇喝什麼茶是他自由意志的體現！我當年也是讀到那一封信，才去嘗一嘗他特別喜歡的伯爵茶。哈維爾說對抗極權，無權者最有力的武器便是活在真誠中──講真話、做正直的人，因此他亦無懼在讀者前展現軟弱卻真實的本相。

在香港坐牢，我們沒有選擇下午茶的權利，而發工資時選購珍珍薯片或是時興隆芝士圈，對我這個不好零食的學者沒有太大解放的意味。我的自由時刻，是靈魂飛回家中書房，在書架上挑選每月那 6 本書籍，或傳記、或歷史、或詩歌小說，都是能讓我讀著讀著不覺冬去春來，只是辛苦了太太帶著沉甸甸的書本和日用品來來回回。

---

134 瓦茨拉夫・哈維爾，《獄中書：致妻子奧爾嘉》（臺北：傾向出版社，2004）。

吳靄儀送來《我再也見不到這世界了》（ *I Will Never See the World Again* ）[135]，是土耳其政變失敗後，作家艾哈邁坦・阿爾坦（Ahmet Altan）因顛覆罪被判終身監禁而在獄中寫成的小書。我一面讀一面比較兩地監獄生活，羨慕他們可以用廚房的菜瓜布做抱枕，事關這年來我未坐過任何柔軟的平面。他們亦可在庭園中收集雀鳥送來的花朵，為冰冷的牢房添上幾分春色。不過這點人情味只是監獄管理的漏洞，土耳其監獄其實更著力摧毀囚犯的自我意識，其中最令人難受的，是監獄裡沒有鏡子。想一想，無論獄中歲月將你打磨成什麼模樣，你總應有對影自憐的權利吧！長時間看不到自己的臉孔，會否失去對自己的記憶？

　　我坐牢之前，曾提醒自己不要被高牆壓碎，變成一個太沮喪或太憤怒的人。這年來看著鏡中的自己，自然多了歲月的痕迹。但今天當權者暴力與謊言橫流，要不變成過度沮喪或憤怒，已是高牆外每個有良知的香港人的挑戰。

135　Ahmet Altan, *I Will Never See the World Again* (London: Granta Book, 2019).

3月9日
告別壁屋

　　佛洛伊德（Sigmund Freud）在離開他生活多年卻又諸多埋怨的維也納時說：「在奔向自由而揚揚得意時，竟泛起陣陣哀愁，就像一個人步出監獄仍對牢房有所眷戀。」這讓我想起曼德拉在告別 20 多年牢獄生涯時竟說捨不得他在獄中栽種的植物。

　　還有幾天我便出獄，坐了不足一年牢，當然不會產生病態的不捨。誰會眷戀森嚴刻板的生活和骯髒嘈雜的環境？但不得不承認，高牆內物質匱乏的日子，讓我可以潛心讀書思考，那是久違了的平靜。當年臺灣白色恐怖時期，臺大哲學系的殷海光教授雖醉心邏輯學研究，但為了對抗國民黨的專制，放棄了平靜的書桌，一生在「敏銳的道德不安與純理的知識渴求之間」掙扎 [136]。我雖無法與先生的學問人格比較，但讀書人參與政治

136　林毓生，《思想與人物》（臺北：聯經出版公司，1990），頁316。林毓生在臺大念書時為殷海光教授學生，本書收錄一篇紀念殷教授的文章和他與殷教授的書信錄，值得細看。

的內心糾結，我深有體會。

現在我已離開了大學，出獄後還可以做出什麼貢獻？記得在傘後無力感瀰漫的時候，我和朱耀明牧師有一回充滿宗教感的對話。我說當我們傾盡全力仍無法撼動一個邪惡的制度時，剩下來可以做的是去受苦。這其實是神學家潘霍華（Dietrich Bonhoeffer）在對抗納粹統治時說的話 [137]。他提醒我們耶穌在世上最後亦是最重要的工作是走上十字架，那是祂最有力量的講章。

我們投身公民抗命，不單是佔領中環。在佔領後我們自首、受審、不求情、不表悔意地入獄，為的是促使當權者和市民都思考一下，何以一群有正當職業和幸福家庭的公民為了爭取民主甘願成為階下囚？

這種抗爭方式骨子裡對人性有善良的願望，所以羅爾斯（John Rawls）[138] 認為在一個「相對公義」的社會才會有效。我雖然有信心市民終有一天會理解佔領的初衷，但走在時間前面難免感到孤寂。2002 年和朱耀明等成立香港民主發展網絡爭取

---

137 見 Eric Metaxas, *Bonhoeffer: Pastor, Martyr, Prophet, Spy* (Nashville: Thomas Nelson, 2010), p. 196. 原文是：" Simply suffering - that is what will be needed then - not parries, blows or thrusts such as may still be possible or admissible in the preliminary fight; the real struggle that perhaps lies ahead must simply be to suffer faithfully."

138 John Rawls, *A Theory of Justice* (Cambridge: Harvard University Press, 1971).

雙普選，許多人仍未感到政改的迫切性。還記得在六四燭光晚會入口，我站在凳上用大聲公呼籲爭取普選特首時，不少人報以狐疑的目光。此後我們研究政改方案、約晤官員、到處演講、集會遊行，最後談判談到入中聯辦、抗爭抗到入監獄，換來的是人大831決定。記得831當晚在添馬公園舉行大型抗議集會、學聯周永康在臺上聲淚俱下，說看見我這樣一個教授花了半生時間仍無法爭取到民主，難道要他們那一代重複同樣的經歷？當時我強忍眼淚，其實內心異常悲憤。

但一場逆權運動讓我對香港的未來重燃希望。新一代的勇氣和智慧，不單令惡法撤回，其動員能力之大、國際連結之廣均非以往民主運動領袖敢能想像。當初我入獄時以為上天要餓我體膚、勞我筋骨，可能又有重大任務交託。現在我看得更清楚的，是我們這輩人不要用舊思維去束縛年輕人的探索，反正中共是不能用「常理」與之對弈。也許我可以做的，是與被捕的抗爭者分享一些獄中心得，讓他們在磨難中變得更強大。

家人寫信來，引用《聖經》說我已走完當走的路，美好的仗亦已打過 [139]。其實，我多年來在中國努力催生的公民社會已是搖搖欲墜、在香港爭取的普選更是遙遙無期，可謂兩手空

139《提摩太後書》14:7：「那美好的仗我已經打過了，當跑的路我已經跑盡了。」

空。唯一令我心存盼望的，是在這抗爭的路上見到許多正直、善良的面孔。

　　這幾天獄友都在為我倒數，懲教處職員亦主動和我攀談送上祝福。只是一位年輕獄警突然問我：「你衰啲乜入嚟呢？」（你怎麼這麼倒楣來入獄呢？）我一時語塞，不知該如何回應。記得法官說我們是衰「天真」的。也許他是對的，我便是相信，只要人心不死，香港便不會淪陷。

讀而忘憂
獄中書單

　　在獄中第一天很難過，不單是突然失去自由，而是整天百無聊賴，被迫看電視節目。第二天太太來探訪，見她含著淚離開，極其難受，但看到她送來幾本書，卻又喜出望外，心情非常矛盾。從那天起，不管炎夏寒冬、不管噪音如何轟炸，我一直讀著，總共讀了 40 本書，共 50 冊。我在出獄前一刻，仍獨坐一角追看一本小說的結局，懲教署職員看著我有點哭笑不得，卻不明白即使是當教授的，在今天大學繁忙的工作中，亦難得盡情閱讀。監獄生活雖然艱難，只要有書陪伴，便能穿越高牆鐵窗在思想的天空翱翔。我原是政治社會學學者，過往看了許多有關民主、公民社會、社會運動、當代中國的書，這次入獄仿如學者難得的安息年（sabbatical），我「如鹿渴慕溪水」般想看一些久違了的「閒書」，卻難為太太在我書房中按圖索引逐本找出來。結果太太共送來 9 本傳記、11 本歷史書、12 本文學作品和其餘 8 本宗教、哲學、藝術、社會類書籍，下面

讓我分享一些閱讀所得。我第一本讀的是梭羅的《湖濱散記＆公民抗命》(*Walden & Civil Disobedience*)。重讀著名的〈公民抗命〉(Civil Disobedience)一文,是想在驚魂稍定的時候,重溫公民抗命的理念以鞏固自己的抗爭意志。而我知道梭羅是有深厚的個人修行(有些人把他視為西方禪修的先行者)才孕育出公民抗命的理念,所以想拜讀〈湖濱散記〉(Walden)一文,看他如何藉著簡樸寧靜的生活,對抗由貪婪而衍生的奴隸社會。這本書啟發我寫出第一篇獄中書簡〈平靜的力量〉。

我一直很喜歡看傳記,梵谷、潘霍華、曼德拉、甘地、維根斯坦等的生平對我的世界觀和人生方向影響尤深。這次我選了幾位對世界有深切影響的學者的傳記來讀,並不預期他們有不平凡的人生(我印象中學者多是悶葫蘆),而是想通過了解他們活過的時代,進一步掌握他們的學說,結果卻讀到他們許多奇特的經歷,讓我大開眼界。譬如社會學老祖宗韋伯原來飽受性無能的問題困擾,最終遇上一位出落凡塵的情婦,才讓他從多年的壓抑中釋放出來,因此傳記作者認為他著名的「魅力」(Charisma)概念並非單指涉政治領域中打破舊制度的領袖魅力,還有在生活領域中如他情婦般能衝破常規的人格魅力。與韋伯剛好相反,性學大師佛洛伊德一生幾乎沒有什麼性醜聞,即使他的學生榮格曾指他與小姨有染,亦搞不清是否因為師徒

翻臉而中傷他。事關這位大師非常專橫，對他開創的心理分析方法受到任何抨擊均非常在意，如果門生稍有異心便口誅筆伐。佛洛伊德在維也納生活多年，雖然那是音樂之家、大學旁邊亦有許多咖啡館沙龍聚會，他卻總是滿口埋怨（可能是在本土沒有太多心理分析學派支持者），最終因納粹德國進迫而移居倫敦時說：「在奔向自由而揚揚得意時，竟泛起陣陣哀愁，就像一個人步出監獄仍對牢房有所眷戀。」（The triumphant feeling of liberation is mingled too strongly with mourning, for one had still very much loved the prison from which one has been released.）這句帶有病態矛盾心理（ambivalence）的話便成為我最後一封獄中書簡的引言。

同樣具思想震撼力的馬克思，便沒有韋伯和佛洛伊德般在大學的崇高地位。因為積極鼓吹推翻普魯士王國而被迫害，馬克思長年與家人過著流亡的生活。讀他的傳記特別痛心他那位帶有貴族血統的太太如何以靠賒借典當度日，亦感嘆一位革命思想家長時間要與母親為父親卑微的遺產爭論，最終竟是靠德國科隆一群商人和資本家好朋友恩格斯（Friedrich Engels）接濟，而繼續鼓吹推翻資本主義。傳記作者知道歷史好像已否定了馬克思理論，但提醒讀者要回到 19 世紀中《孤雛淚》（*Oliver Twist*）描述的工人苦況，去理解早期資本主義的邪惡和馬克思

鼓吹革命的原因。

　　比馬克思幸福百倍的是佛洛姆（Erich Fromm）。他雖然批判資本主義鼓吹物質主義，令人扭曲對愛的理解，但他寫的《逃避自由》、《愛的藝術》等書一紙風行，讓他可以過著學者難得的優越物質生活。不過佛洛姆亦懂得運用他的財富支持社會改革，包括與哲學家羅素一起推動和平運動。他經歷三段非凡的婚姻，讓他成為「愛的先知」，寫出滿有生命力的作品。與佛洛姆一樣為逃避納粹政權而移居美國的漢娜‧鄂蘭，都是以思考德國何以變成一個極權國家為中心命題。她的《極權主義的起源》（*The Origins of Totalitarianism*）指出集中營為極權的標記，奠定她的學術地位，但她的《平凡的邪惡》（*Banality of Evil*）卻是一部極具爭議的作品。猶太人批評她為納粹劊子手艾希曼洗白，但其實她對極權社會下那些逃避道德責任，成為獨裁者幫凶的普通人提出嚴厲的批判，讓我們看見邪惡是由無數平凡人合謀而成。鄂蘭的丈夫是一位自學而成的工人知識分子，我在書簡中亦引他一句話「Pessimists are cowards and optimists are fool」。鄂蘭與哲學家海德格有一段晦澀的情愛關係：他是她的啟蒙老師，卻因為對納粹的不同立場而疏遠，但兩人在晚年仍有一次念舊的重聚，政治分歧中不失溫婉。

　　閱讀傳記是我多年的興趣，但讀歷史主要是填補我知識的

缺憾。社會學的訓練，著重抽象理論思考及實證數據研究，但縱向的歷史分析卻頗受忽視。我離開大學教席後希望多讀歷史，是因為想追索今天中國專制政治的歷史和思想根源。我將如此廣闊的議題收窄在兩個具體的領域——何以中國難以生成公民社會和公共知識分子群體？這種獨立的社會和思想領域的難產不單是學術問題，更是實在地影響著我們今天的公共生活。

中國歷史有兩大轉型，其一是從西周的封建社會變成秦以後的中央集權郡縣制，其二為清朝帝制的滅亡並轉向共和。看唐德剛《晚清七十年》是一個輕鬆的起步，5冊書花上一星期多便讀完。我並無唐先生對中國民族主義的確立與走向現代化的樂觀精神，但此書提供了近代中國劇變的背景，特別是西方的挑戰造成對舊有體制的衝擊。我亦特別讀了歷史小說《曾國藩》和第一個留學美國的中國人容閎的自傳《我在中國和美國的生活：容閎回憶錄》，以他們兩人合力建造船隊和送學子到美國學習去達至富國強兵為例，窺見中國現代化面對的各樣的文化和心理阻礙（見〈覺悟〉書簡）。

我當年讀林毓生教授的《中國意識的危機》正是描述晚清民初的知識分子，如何在一種既眷戀又想揚棄舊有文化的狹縫中掙扎。這次在獄中讀余英時教授的《歷史與思想》與林毓生的《思想與人物》都有相近的主題：晚清民初的「全盤反傳統」

思潮造就了共產主義的興起，亦造成反智的傾向及庸俗唯物主義的泛濫。林毓生提出「創造的轉化」，認為創造必須建基於對傳統的轉化才能持久扎根，他亦有感胡適等人那種無根的主張，令自由主義在中國無法開花結果。與此一脈相承，余英時亦在書中試圖糾正中國因為反傳統、反儒家而令思想走入歧途。他認為儒家在歷史上被當權者用法家和黃老思想扭曲，以支撐「君尊臣卑」的體制。他試圖還原儒家「庶民議政」、以「道統」制衡「政統」的精神。今天余教授已 90 高齡，見我入獄，遙寄古詩勉勵，我在〈萬山不許一溪奔〉書簡中亦有提及。我甫出獄，便見到他和夫人寄來自製名信片慰問，其對港人爭取民主的支持令人動容。

為了掌握余英時教授對儒家政治思想的觀點，我唯有下苦功讀了蕭公權的《中國政治思想史》。此書從先秦政治思想的流派追蹤至清末民初的劇變，所引經典，有注無釋。古文根底薄弱如我者，得花九牛二虎之力才知其梗概。讀完此書，滿心慚愧，因其處理的問題實與我研究的專業息息相關，但過往 20 多年我花了極多時間在社會參與，竟待獄中才能拜讀先生大作，此尷尬事在書簡〈國族主義的催眠〉已有談及。此外，晚清的劇變既沿於西方的挑戰，我亦開始讀一些東西方互動的歷史。費南德茲—阿梅斯托的《1492：那一年我們的世界展開了》

描述歐洲為了爭相與中國進行貿易而無意中發現了美洲。賈德・戴蒙的《槍炮、病菌與鋼鐵》更追問何以是歐洲人征服美洲，而非美洲的土著征服歐洲？他的答案是歐洲更早進入農業社會，所以比美洲土著較有優勢，此在我〈1492中國想像〉書簡中已有談及。但事實是亞洲一樣有地理優勢較早發展農業，為何不會像歐洲般擴展帝國版圖，最終竟倒過來被歐洲列強入侵？戴蒙竟撇開他地理環境理論，指出中國在秦朝已實行中央集權制，因而失去封建時期各諸侯國（如歐洲般）的競爭，最終失去進步的動力。

我一直欣賞中國春秋戰國時期思想自由、百家爭鳴的社會氛圍，但秦始皇一統天下，再加上漢代「獨尊儒術、罷黜百家」，反而造成專制皇權與思想單一。但從老百姓角度看，沒有大一統即意味戰火不斷、生靈塗炭。因此，中國的士人一直在爭論應行夏商周三代時權力分散的封建制，抑或秦漢以後中央集權的郡縣制。我在〈以為快到彼岸的蠍子〉書簡中提到黃宗羲曾提出節衷方案，建立一些如特區般的「方鎮」。我更認為中國未來應實行如美國般的「聯邦制」，來化解這種統一與分權的矛盾。另一方案是容許一些省分和地區獨立成國，再建立如歐盟般的「邦聯制」，既是小國寡民又不相互侵擾，卻可聯合保衛地區安全。

我日間於工餘和飯後，一面閱讀上面這些學術作品、一面思考和做筆記，到了晚上教完獄友英語，便倚在床上讀一些軟性的書籍。我過往受基督教影響較深，這次在獄中卻選讀了一行禪師的《與生命相約》。他的「互即互入」概念，有助我心靈穿越高牆的阻隔。不單相信自己可以另一形態參與外面的抗爭，亦相信家中一些我無法處理的事宜自會有人出手相助，我亦因此安然地寫下〈不增不減．安住當下〉的書簡。讀真空法師《真愛的功課》卻讓我五臟六腑不斷翻騰，因為在越戰期間，一行禪師與許多願意實踐入世佛教的信眾都以生命去爭取和平——僧侶自焚、學生示威被殺，甚至連一行禪師的學生都有人走上自焚之路去呼籲停戰。讀此書時正值香港有年輕人以死明志反對《送中條例》，讓我久久不能釋懷，寫了一封書簡呼籲「以生回應死」。

　　不過在晚上我看得最多的，卻是與政治無關的文學作品，其中大多是諾貝爾文學獎得主所寫的小說。特別在冬季，在工場搬運完木板後，回到牢房蜷縮在鋪上毛毯的床上，讀著卡繆筆下的異鄉人臨被處決仍拒絕上帝的救贖、D·H·勞倫斯（D.H. Lawrence）筆下的幽怨青年與母親的愛恨糾纏，還有我最喜歡的石黑一雄（Kazuo Ishiguro）濃烈鄉愁的科幻小說、奧爾嘉．朵卡萩（Olga Tokarczuk）將零碎的旅途印象和小鎮的流言交

疊成浮世的拼圖等，讓我暫忘狹窄的牢籠和塵世的紛亂。

2020 年 3 月 14 日，我步出監獄時，手裡帶著公文袋和兩本書，像剛從大學下課。許多人好奇我在獄中讀什麼書，所以手上那本艾莉絲·孟若（Alice Munro）的 *Lives of Girls and Women*[140] 無意中成為焦點。其實這是我唯一在獄中未讀完的書。步出監獄前一刻，我仍在追讀巴爾加斯·尤薩（Mario Vargas Llosa）的《壞女孩》（*The Bad Girl*）。圍觀的獄警都覺得奇怪，而不知道只餘一頁，我便看完這本有關迷戀與背叛的小說，見證女主角不再不辭而別，願意陪伴為她飽受折磨的男人一起老去。我就是這樣讀完這 50 冊書。讀著讀著，不知道花落花開、滿頭華髮，身體疲憊卻心靈滿足地度過了這 326 天牢獄歲月。

獄中書單

傳記

1. Joachim Radkau, *Max Weber: A Biography*, (Cambridge: Polity, 2011).

2. Jonathan Sperber, *Karl Marx*, (New York: Liveright, 2013).

---

140 編注：臺灣版已絕版，書名為《雌性生活：諾貝爾獎得主艾莉絲·孟若短篇小說集 5》，木馬文化，2014。

3. Elisabeth Young-Bruehl, *Hannah Arendt - For Love of the World*, (New Heaven: Yale University Press, 2004).

4. Lawrence J. Friedman, *The Lives of Erich Fromm: Love's Prophet*, (New York: Columbia University Press, 2014).

5. Peter Gay, *Freud: A Life for Our Time*, (New York: Norton, 1988).

6. Alex Haley, *The Autobiography of Malcolm X*, (New York: Ballantine, 2015).

7. 容閎，《我在中國和美國的生活：容閎回憶錄》（北京：東方出版社，2006）。

8. 唐浩明，《曾國藩》三冊（香港：天地圖書有限公司，1994）。

9. 陸鍵東，《陳寅恪的最後 20 年》（北京：生活・讀書・新知三聯書店，1995）。

歷史

1. 唐德剛，《晚清七十年》五冊（臺北：遠流，1998）。

2. 陳翠蓮、吳乃德、胡慧玲，《百年追求》三冊（新北市：衛城出版，2013）。

3. 余英時，《歷史與思想》（臺北：聯經出版公司，1976）。

4. 林毓生，《思想與人物》（臺北：聯經出版公司，1983）。

5. 蕭公權，《中國政治思想史》二冊（臺北：聯經出版公司，1982）。

6. 陳寅恪，《寒柳堂集》（收錄〈論再生緣〉），（北京：生活‧讀書‧新知三聯書店，2001）。

7. 高華，《紅太陽是怎樣升起的：延安整風運動的來龍去脈》（香港：中大出版社，2011)。

8. 趙思樂，《她們的征途》（新北市：八旗文化，2017）。

9. 金雁，《倒轉紅輪：俄國知識分子的心路回溯》（北京：北京大學出版社，2012）。

10. 賈德‧戴蒙（Jarred Diamond），《槍炮、病菌與鋼鐵》（臺北：時報文化，2015）。

11. Felipe Fernandez-Armesto, *1492: The Year Our World Began*, (London: Bloomsbury, 2009).

文學

1. Ahmet Altan, *I Will Never See the World Again*, (London: Granta, 2019).

2. Robert Hillman, *The Bookshop of the Broken Hearted*, (Melbourne: Text, 2018).

3. Kazuo Ishiguro, *Never Let Me Go*, (New York: Vintage, 2005).

4. D.H. Lawrence, *Sons and Lovers*, (New York: Oxford, 1995).

5. D.H. Lawrence, *Women in Love*, (England: Penguin, 1960).

6. Albert Camus, *The Stranger,* (New York: Vintage, 1989).

7. Olga Tokarczuk, *Flights*, (London: Riverhead Books, 2018).

8. Olga Tokarczuk, *House of Day, House of Night*, (Illinois: Northwestern University Press, 2002).

9. 李森編著,《禪詩一百首》(香港:中華書局,1992)。

10. 北島,《北島詩歌》(海口:南海出版社,2003)。

11. Mario Vargas Llosa, *The Bad Girl*, (New York: Picador, 2006).

12. Alice Munro, *Lives of Girls and Women*, (New York: Vintage, 1971).

宗教、哲學、藝術、社會

1. 一行禪師,《與生命相約》(臺北:橡樹林文化出版,2002)。

2. 真空法師,《真愛的功課》(臺北:法鼓文化,2012)。

3. 陳鼓應,《莊子今註今譯》二冊(香港中華書局,2012)。

4. Diane Waggoner, *The Beauty of Life: William Morris & the Art of Design*, (London: Thames & Hudson, 2003).

5. Isabel Artigas, *Antoni Gaudi: Complete Works: 1852-1900*, (Koln: Taschen, 2007).

6. David Henry Thoreau, *Walden & Civil Disobedience*, (New York: Penguin, 1983).

7. Martin Seligman, *Flourish*, (New York: ATRIA, 2011).

8. 魯思・本尼迪克特,《菊花與刀》(北京：九州出版社，2005)。

特別收錄
專訪與大事記

陳健民的困境哲學
若沒有一條路是正確的，
如何可能不被摧毀？

張潔平

坐牢這件事，陳健民有備而來。

在香港中文大學社會學系任教了 25 年的他，在 2018 年，給自己和學生設計了最後一學期的課程，這是一門新課：Leadership in Uncertain Era。課程引入正向心理學、Mindfulness、歷史人物成敗研習等。學生 Jenna Chow 憶述，陳健民說，希望學生在亂世之中，能夠不被無力感支配，有 self-leadership 的能力，帶領自己在逆境中前行。這也是他對自己的期許。

他也會輕輕鬆鬆，跟學生分享自己的「坐牢準備」：跑步、練習洗冷水澡、了解獄友和香港的監獄情況、準備長長的書單……還有本原計畫在坐牢時才看的書，不小心提前看完了，是一本 600 頁厚的潘霍華傳記。潘霍華是德國神學家，因納粹殘暴統治而改變和平主義思想，投身反對納粹的暗殺、間諜行動，被捕後，在獄中寫下著名的《獄中書簡》。

2019 年，陳健民自己從獄中一封一封寫信出來，還在信中幽默道：「是文字的誘惑嗎？多年來讀了許多異見者的獄中書，最後自己也在高牆內寫信。」

上一次與陳健民做訪談，還是在雨傘運動之後，他入獄之前。他說自己從不後悔參與「佔領中環」，這一場公民抗命，和其後非如此不可的坐牢，他一貫燦爛地笑著，說這一切彷彿召喚：「前半生做的積累，似乎都在為這場抗命做準備。」

陳健民生於貧困家庭，考入香港中文大學社會學系，原本想要研究困擾自己的貧窮問題。卻因 1978 年的北京民主牆事件、以及緊接著的臺灣美麗島事件、香港前途問題談判，接連打開政治啟蒙，意識到民主化是華人世界所面對更急切的問題，於是把貧窮研究暫時擱置。民主政治與公民社會，從此成了他一生的研究課題。他去美國留學，師從耶魯大學著名的轉型民主研究學者胡安・林茲。

在美國期間，正遇上六四事件。被天安門悲劇深深震撼的他，開始把研究與行動的精力，放在中國的公民社會。從 90 年代開始在廣東做民間組織的研究與培訓，他熟悉最草根狀態的中國；他也曾做過中國民政部的高級顧問，深諳「體制」的含義，善於在遊戲規則之內爭得最多的空間。曾有很多年，他都是香港民主派與中國之間的溝通橋梁。他的普通話說得地

道，除了幾年一度回身參與香港政改的討論，有十多年，他主要的學術精力都放在大陸：「我的研究都在大陸，花時間建立中心，培訓的對象也是大陸 NGO，用微博比用 Facebook 都多……我以為自己怎麼樣也不會捨下在大陸的工作。」

直到 2013 年，已經在香港中文大學社會學系任教 20 年的陳健民，毫不猶豫加入好友戴耀廷的「佔領中環」計畫。在中國，他的事業、好友、耕耘多年的公民組織戛然而止。而在香港人眼中，他從溫和到激進，轉變得突然，一度難以被信任。

但對他來說，這是一個在當時、當刻，以最大的理性與信念，做出因時制宜的選擇：

「2010 年你已經可以看到整個社會激進化的趨勢了，如果這次政改失敗，下一次改革的時間就要等到 2022 年——按照我理解，這代人，不可能等到 2022 年，」在 2014 年，接受我採訪的陳健民講起自己的焦慮時說，「接下來會怎樣？中間人的聲音愈來愈弱，極左和極右都是一些法西斯的聲音在鬥。你要看到自己的家這樣撕裂嗎？到了這點，我一下子有很清楚的這種感覺，覺得不能看著我住的這個家，下一步走向我不想看到的方向。我作為一個社會學者，是往前看的，我看到未來讓我擔心的狀態，所以現在就要選擇，在這個時候，我應該做什麼事情。」

陳健民身體力行，做了他的選擇。他所思、所行，在這本向潘霍華同名致敬的小書裡，讀者已經全然了解。

2020 年 3 月，他告別待了 14 個月的監獄，重獲自由。而此時的香港，已成一座新的大監獄。

最新的一次訪談，我們在臺北，國立政治大學旁邊的景美溪畔，看著日落河岸的美景，談論他在監牢中全然「錯過」了的 2019 年。

在民主路上 30 年，不惜捨去自由，半世奮鬥只為一朝抗命。而出獄之後，面對的卻不能再是深耕，而是離散。這是香港擺在許多香港人眼前的難題。人生下一個階段會如何展開，和許多人一樣，於陳健民也是未知數。他說一個不道德的社會，沒有給人一個可能是對的選擇。此時香港如同圍城，無論人走到哪裡，困境也揮之不去。

但他畢竟從那座最小的圍城出來：坐牢的 12 個月，至少教會他一件事──不被摧毀，就是反抗。專注在每一個當下，若定要坐牢，那就把牢坐好，不讓自己被高牆摧毀。

在不道德的社會，如何做選擇？

* 以下為訪談摘要，張＝張潔平，陳＝陳健民。

張：2019 年，你其實以一種很特別的狀態與香港人「同在」。香港人在街上，你在坐牢。從一個角度看，你們之間的 togetherness，或者共時性，是被政權強行隔斷的，你沒有經歷這場澈底改變了香港的運動，而且是被強迫不能夠經歷。我想先問問，在獄中的你，後來出獄的你，是怎麼感受，或與這場運動互動的？

陳：出獄之後，我沒有專門去找以前的報導，在臉書上隨意刷，它們都會 Pop-up 出來。第一次看的時候真的受不了。我看到的第一條視頻就是警察打年輕人，真的打得很恐怖。後來才知道那是他們去理大救人的時候，在油麻地被抓到，被打的畫面。我還記得畫面裡那個年輕人，被一群警察，五六個人打，打得很過分；打完之後，這個年輕人在掙扎，還掙扎著想站起來，這時來了另一群警察，再打。我當時就感到，這好像香港一樣，若被打完乖乖的，不要動就還好，如果垂死掙扎，就會被打得更狠。從雨傘，到反送中，這就是香港經歷的。我看了真的很難受，也很難想像，香港警察會去到這個地步。

這些畫面我在獄中從來沒看過。獄中可以看到 TVB，呈現的運動樣貌是很不一樣的。只有一次，我們快要離開飯堂的時候，那次比預定的時間晚了幾分鐘，大家看見了

《鏗鏘集》。幾個畫面播出，所有在場的人都馬上停下來看，有點嚇了一跳，看警察這樣打人。從來沒看過的。以前裡頭只看到 TVB 上年輕人打人，私了，打警察，看的人就會很生氣，說這些年輕人比我們黑社會更糟糕。你看，媒體影響多大。我那時在裡面也很困惑，為什麼走到這樣。我看文字，看《蘋果日報》，當然會知道警察有暴力。但是沒有真實看過畫面，理性上可以理解，感性上真的不容易明白。所以有一篇獄中書簡我寫，要小心勇武走過頭。我寫完之後，有記者朋友寫信進來給我，說他們一直採訪抗爭者，認識很多小孩，其實非常單純，連去坐在馬路（上）都不敢，現在走到這一步，真是被逼出來的。

出來（獄）第一件事，我就是去中文大學看二號橋。我對大學真的很有感情，想回去看看，究竟發生什麼事情。我去看的時候，路上還有一些燒焦的影子（痕跡），但整座橋已經都被鐵網包圍了。我想，天哪，跟我的監獄一模一樣。

出來之後，很多人講很多故事給我聽。都是我覺得很好的人。他們一看到我就抓住我，說他們過去一年經歷了什麼、看到了什麼。他們都很同情年輕人。我看他們那種表情，是很多很多事情要講的樣子，很強烈，真的有種集體創

傷。反而坐牢的我，成了最好的，比所有人都好的狀態。

張：你現在在臺灣，一定在不同場合看過幾部最重要的，再現這場運動的紀錄片：《理大圍城》、《佔領立法會》、《時代革命》。想問問你看紀錄片的感受？

陳：我對《理大圍城》和《佔領立法會》的感觸很深，很有共鳴。因為很多細節談佔領者在裡面的進退，有些勇武，有些溫和，那種無休止的拉扯與爭論我很熟悉。我們都經歷過，整個香港都是這樣。我最大的感受就是，你怎麼選擇都是錯的。因為我們都是給困在那裡，給中共困在那裡。一座圍城，沒有出路。在當下去爭論什麼策略才好……其實沒有一種策略最後一定是能成功的，只能選擇最能表達你內心的信念，或對政權不滿的作法。但在當下是很難的。

這是整個香港的困局。和平也沒有出路，勇武也沒有出路，年輕人把命也不要了，好像也沒有出路。真是很困擾的。所以我看《理大圍城》，看《時代革命》，我都會覺得很長欷，完了沒有？很痛苦欷。在裡頭，其實有點辛苦的。這不是說紀錄片拍得不好，是拍得太好。

在專制體系下，怎麼選擇都沒用，這是一個結構的問題。就好像支聯會，鄒幸彤的選擇。我非常欣賞她的勇氣，可是旁邊有人會覺得，你這麼有勇氣，卻令到周圍更

多人被抓，李卓人、何俊仁被判更重，如果你乖乖的，好（就）像教協，可能沒有人被抓。你看多痛苦，你要怎麼做決定？你好像做什麼決定都是錯的。如果乖乖的，你怎麼保持抗爭的意志。如果你豁出去，人家（就）說你害了旁邊的兄弟。理大圍城的年輕人，你不衝，太虛弱；衝，會害了其他人；你什麼都不做，留在那裡等外面的人，外面的人進來救你會被打、被抓。我看電影的時候很困擾，原來你什麼事情都不做，也是害了人的。怎麼會有一個社會是這樣的，你躺平，還是害了人的。

你看多恐怖。「理大圍城」是整個香港的縮影。在一個不道德的社會，你如何做一個對的選擇？做什麼都是不道德的，都是錯的。社會沒有給你一個可能是對的選擇。

張：還有一個令人很痛苦的點，很殘酷：你看得出來這是一個局。你不僅知道，在這種狀況下做所有選擇都是錯的，而且你也知道，有人彷彿在高空，笑著看你做錯誤的事情，然後嘲笑你。這非常可怕。理大圍城的這個感覺特別強烈，被圍著，有人從制高點去嘲諷地看著你，像看一群小動物。整整 16 天，他其實可以進去抓人，但他不，他就這樣靜靜地看著這一切。

陳：是的，整個 79 天的雨傘運動也是這樣。有一些片段，在

《時代革命》的電影中間有，就是在理大的後期，警察會播放歌，〈學生哥溫功課〉[141] 之類，會說一些很無聊的話，嘲笑你。我看的時候真的很生氣。那些人（抗爭者）把生命也放棄了，要對抗政府的時候，對面（卻）在調侃你，放這種歌曲，講一些很無聊的話。哇，我要是學生，怎麼可能投降？決不投降。我寧願死我也不會投降。這種激化，就是因為這些挑釁啊。我如果坐在裡頭的話，絕對不會這樣走出來，我寧願冒險去死。也是看了這些紀錄片，我才慢慢理解，為什麼學生會這樣子。那種尊嚴，是你不能接受自己走出去的。

張：理大圍城的確也是雨傘運動 79 天的暴力版縮影，更為血腥、殘酷。如你所說，也是整個香港的縮影。16 天、79 天、30 年，都是這樣困住。

陳：是，都是這樣困起來。我們一直找出路，說如果沒有普選，看不到香港有出路。很多人反駁我們，說民主只是保護自由和法治的工具，但我們有自由與法治啊，那為什麼要搞那麼多？可是沒辦法，社會發展到某一點，你不會只把民主看成工具的。如果這是我的地方，為什麼我自己沒

---

141 溫功課：複習功課。

辦法決定誰是我的政府？你每天講的話（讓）我很不爽的時候，我為什麼不能把你換掉？這就像一個小孩會成長，有一天不用你為我選擇最好的奶粉、食物，對也好、錯也好，我想要自己做選擇。人會成長，社會也是，最後的需要是尊嚴。自主就是一種尊嚴。這是沒法避免的。當整個社會教育程度這麼高，年輕人在網上有這麼多資訊和方式去參與政治，你怎麼可能再用那套老的方法、專制的體系去管香港？根本不可能的，早晚一定會出問題。對我來說，就是要盡早進行民主化，我們可以按照你的時間表，但這是一定要做的。不然就一定會出現今天的局面。除非，除非香港人都變成那種，他想像的，快快樂樂的躺平的豬。可是香港不是新加坡，也不可能變成新加坡。

張：你反覆說到困局。從佔領立法會到理大圍城，進退都是困局。回頭去看雨傘（運動），你怎麼看你們親身經歷過的這些爭論？如果說，怎麼做都是錯，結局都是這樣子，總有一個東西把大家碾壓過去，這聽起來好像又太虛無了？

陳：我也不會這樣虛無。我從來覺得，那些策略是因時制宜的。我是更相信曼德拉，而不是甘地。甘地是怎樣情況下都要堅持和平，絕對和平。我覺得不對，到最後那就是第二次世界大戰時張伯倫的錯誤，人們不可能對當時的德國，還

用和平的方法。我相信是每個時候要去適應那個時候的狀況，盡當下最大的理性，去判斷怎樣的策略是正確的。

曼德拉一開始推動公民抗命，是和平的，反對通行證；後來轉為勇武路線，他組織「非洲之矛」，非常勇武，去炸政府的建築物……等等；到最後，他是（進行）對話。難道最後那個才對嗎？也不是。如果他沒有經歷過前面這些，就不可能走向對話。大家累了，勇武那麼久，雙方都很累了，才創造一個政治機會說，要不要坐下來談。而因為他已經勇武過，坐了 20 多年牢，人家會比較信任他，也才願意對話。這些事情，不能單獨去看，它們有前因後果連在一起。但在過程裡，沒有人會知道什麼才是最對的，包括他自己。在每一個時候，他就是用他最大的理性去做選擇。

就像 2014 年，我覺得——我覺得啊，只能用和平的方式、佔領的方法去公民抗命。因為那時候，違法對香港人來說是很難接受的事情。佔中那時候的支持率最高也只有 30% 多，多數是 20% 多。而反對佔中也是 30% 多，差不多是平均的。這時候如果你一下子勇武，整個社會只會譴責你，把你更孤立，不可能推動什麼。如果用毛（澤東）的講法，勇武是「左傾冒險主義」，走得太前，遊行是「右傾

機會主義」，走得太慢。還是要回到每個時間裡頭去判斷。

現在回頭看，2014 年我的選擇，再來一次，我還是一樣的。但走到 2019 年，人家說，你們嘗試過和平，讓我們來試試勇武，你已經不能攔住人家了。政權已經是非常暴力了，我不覺得勇武有什麼道德問題。只是策略有沒有用的問題。所以 2019 年做到「和勇不分」，在我看來已經是做到最好了，整個社會甚至也已經接納。40% 多覺得用了暴力有點過頭，但 50% 多覺得還是可以理解。70% 左右覺得警察更暴力。整個社會如果已經是這樣，「和勇不分」就是一種比較好的狀態。

所以我並不是完全虛無的。我虛無的部分只是說，香港在中國的主權之內，不是說你最勇武，就一定可以成功。這不是策略決定一切，還有政治機會的問題。

我經常看東歐的例子，整個東歐在共產主義之下，捷克、波蘭、匈牙利，都沒有真的主權，對香港的處境最有參考價值。1956 年匈牙利武裝起義，後果就是全面鎮壓。1968 年在捷克，是從黨內改革、自由化、布拉格之春開始，但軍隊還是進來。你看這兩個例子，勇武也好、黨內改革也好，結果是，蘇聯照樣鎮壓。後來的《七七憲章》和波蘭團結工會，就吸收這兩次的教訓，研究我怎麼能調

整到一個地步，蘇聯軍隊不會說馬上就衝進來。波蘭團結工會有個講法是，我們要做 self-limiting movement。它有一千萬的會員，他要推翻波蘭的共產黨太容易了，第二天就可以推翻，而且波共已經沒有統治的意志了。可是你推翻它，蘇聯還是會來。所以波蘭團結工會最後沒有用到這種力量，反而說我要克制，我願意跟教會、跟波共坐下來三方談判。而這過程中，蘇聯一直在變，一直到 1989 年，波蘭一推，就變成第一個民主化的東歐國家。

你看這個過程，最勇武不等於最成功，但人們也不會譴責 1956 年的匈牙利人民革命。怎麼保持抗爭，但是小心那個度。很多年輕人不喜歡聽，但這些就是歷史的教訓。

張：你現在會跟在臺灣的香港年輕人講這些嗎？（笑）

陳：我會啊。（笑）

張：那他們怎樣反應？

陳：我講過一次，社會學年會，來的都是博士生，我不知道他們反應怎麼樣。可能很多人會覺得為什麼你坐了牢出來還講這些，self-limiting movement，很無聊的。哈哈哈。

張：你講到「因時制宜」，曼德拉，（用）最大的理性做這個策略選擇。但到了 2019 年，重點是「誰」來做這個選擇？有大臺（有領導、組織）的情況下，少數人去做選擇。但

是 2019 年某種程度上是一個集體選擇，集體潛意識的選擇。這件事你會稱為「理性」嗎？

陳：其實分散的組織方式，共識是慢慢形成的。老人家做老人家的份，年輕人就衝到前面去，開始一定是有爭論的，慢慢形成共識。就是每個人在你能做的範圍裡頭，做你最大的理性判斷。

「受苦的共同體」

張：剛剛說到的這三部紀錄片，記錄的是 2019 年。你即便沒有共同經歷街上的事情，6.12、7.21，沒有親歷這些事件，但同樣很有共鳴。

陳：理大圍城最後一個鏡頭，是一個年輕人，一直在掙扎要不要離開理大，是進還是退，不斷猶豫。我當時看的感覺是，這就是離開監獄的我。我離開監獄時，一直在掙扎，要不要早一點來臺灣，還是盡量留在香港？我是在監獄裡，收到政治大學江明修院長的訪學邀請。我 2020 年 3 月出獄，9 月就可以到臺北開始教學。但我其實是一直等。離開監獄過了 1 年零 4 個月才下決心，真的留到最後一分鐘。到了 2021 年 8 月 1 日，一定要到臺灣了，也是 8 月 1 日開始，香港再沒有出境自由。家裡也給我很大壓

力。我於是訂了 7 月 19 日的飛機票，留出兩個星期的隔離時間。為什麼（我會在）那個時間來，就是這個原因。

　　等什麼？看看還能做什麼事情。比如出版獄中筆記的書、賣書、籌款，把錢再買書，把書送到監獄裡。這個事情很有意義。我出版這本書（《陳健民獄中書簡》香港版），很多人來獨立書店排隊、簽名，每次人龍都排很長很長，等一個半小時他們都願意。後來我發現，這個過程，對他們來講像一個治療。

　　因為等的時候，他們旁邊的人、前面的、後面的人，都是同路人，在排隊的時候，好像互相在安慰對方。坐下來常常就在哭。我看到這道風景，感覺到真的是共同體啊。一個受苦的共同體。大家也願意捐很多錢，我可以籌款、買書、送進去監獄。後來《國安法》出來，一直抓人，抓了很多朋友，監獄愈來愈大，我就不斷去探監。所以就一直沒法走啊。還在掙扎說，真的要離開嗎？

張：2019 年，戴耀廷保釋出來，你為什麼沒有選擇保釋？

陳：那個時候，戴耀廷一直說，陳健民你坐在裡頭幹什麼，為什麼不申請保釋，外面這麼多事情。我當時是有選擇的，但還是拒絕了。

　　首先的考量是，公民抗命就是要坐牢。這是一個承

諾，也是一個抵抗，要表達「我不怕坐牢」。我不怕坐牢，但中間申請保釋？這很自相矛盾，我不能接受。家人一天到晚勸我保釋，我不斷跟家人說，你讓我坐吧，就讓我做完這件事吧，公民抗命不是說說而已，不然很不一致的。另一件事是，我也感覺到年輕人有他們自己的方法。我為什麼一定要出去做什麼？我已經走盡我的路了。如果在外面，我不覺得我還能「帶領」什麼，可能只是跟著一起搬東西。那我寧願坐在裡頭，完成我應該做的事情。

　　我還在抗爭當中。我去坐牢，寫文章出來，鞏固一些人的理念、信念的過程，本身就是抗爭。最少影響一些中年人、我同時代的人吧。我還是做我那份。

張：記得你剛出獄的時候，好多人去看你，然後看你的人回來都說，陳健民比我狀態好。於是有了一個口碑是，2019 年之後好多人想要獲得能量，都會去找你。這有點好笑，變成是一個坐了牢出來的人，在給外面的自由人充電。

陳：對我而言，在監獄裡沒有那麼痛苦。所有事情人家都決定了。我做事情只為自己負責，好像也沒有那麼大掙扎。如果在外頭，在政治運動裡頭，尤其是如果你有 Leadership 的角色，那你做一個決定，可能會給周圍人帶來很大的影響，一個錯誤，可能就有人會受傷，甚至有人會死，體制

可能會倒退。那種負擔是很重的。相比之前，坐牢就是一個人的事情，不算什麼。

在香港的監牢裡我還可以讀書，我其實心靈上挺自由的。比較難處理的，是很多尊嚴的問題。那是一個很多規矩的幼稚園，你是一個要服從管教的幼稚園生。管教會罵你。要處理的是這種問題。對一個讀書人來講，能看你喜歡看的書，能安安靜靜，一個人去面對自己，思考，寫文章。時間不是太長的話，坐牢也不是那麼痛苦的一件事……

當然也不是每個人（都）是這樣（笑）。一起進去的人，也有人輕了 20 公斤、30 公斤，我只輕了 1 公斤（笑）。不過在牢中不知道，出來才發現，自己白頭髮多了很多。裡頭沒有真正的鏡子，我一直以為自己還不錯，陳健民，不錯嘛。出來以後才感覺到身體的變化。確實也不可能沒有變化，吃得那麼少，冬天那麼冷，衣服根本不夠。夏天熱得很難受。

但我希望自己坐牢坐得好——所謂坐得好，就是不要給他摧毀。這也是一種抗爭。更多人也應該要有這種準備，這樣一大群人沒有被他們毀掉，是很重要的。這也是我在監牢裡每天都對自己講的：北京要用這個監獄來把我摧毀，我不能讓他那麼容易做到，我要抵抗。如果可以安

定地、堅定地走過，也會堅定很多旁邊人的信心。

張：不能讓政權把你壓碎，也不能讓想要看你笑話的人得逞。

陳：Exactly，真的是這樣。我跑步的時候總是看著遠方，好像看著北方，真是好像說給北邊的人聽：「我就要跑步，我就要堅強，沒有那麼容易！」真的就是這樣想，鼓勵自己。我不要倒下。不要給你那麼容易得逞。冬天很冷，我把衣服脫掉，沒有穿衣服就是這樣在跑。

張：過了一年多時間，你現在能夠比較抽離地評估，這段獄中經歷帶給你什麼樣的影響嗎？

陳：還在慢慢體會中吧，對我的人生改變好像沒有很多。可是的確給我一種非常心安理得的感覺。很多人來臺灣，都覺得放下香港的朋友有內疚感。我沒有很強烈的這種感受，其中一個原因就是因為我坐了牢。我反而覺得很完滿。如果沒有這一段經歷，我現在應該很難留在臺灣，心裡會很難受。但我已經比很多人都幸運，我知道自己會坐牢，可以很早安排、離開大學，離開之前還能做一場演講，叫什麼「最後一課」。出監的時候，有那麼多人來接我，有那麼多朋友。很多人沒有這麼幸運的。（笑）我的人生滿有祝福的。唉呀，講坐牢結果太正面，沒有什麼很負面的，對不起。（笑）

香港大事記＆獄中書簡紀要

2018.2.17　潘曉穎命案。涉案人陳同佳自臺灣潛逃香港。

2019.2.12　因臺灣與香港沒有《引渡條例》，潘曉穎母親與時任民主建港協進聯盟（民建聯）主席李慧琼召開記者會，呼籲香港政府修法。

2019.2.13　港府宣布修訂《逃犯條例》，當中新增的「特別移交安排」、對《刑事事宜相互法律協助條例》的修訂，取消了香港司法的獨立性，引發軒然大波。

2019.2.21　臺灣陸委會表示不會接受一中原則前提的《逃犯條例》。

2019.3.31　香港首次舉行「反對逃犯條例修訂草案」（反送中）遊行，約 1 萬 2 千人參加。

2019.4.3　《逃犯條例》修訂草案在香港立法會一讀通過。

2019.4.9　被控為 2014 年佔領中環案的領導人的「佔中九子案」審結。

2019.4.24　西九龍裁判法院宣布「佔中九子案」刑期，其中陳健民被判兩罪，刑期 16 個月、8 個月，同期執行，

即時入獄。進入法院前，陳健民呼籲民眾出席 4 月 28 日的反送中遊行。

2019.4.28 「反送中，抗惡法」大遊行，要求港府撤回修訂《引渡條例》，13 萬上街參與。

2019.4.29 陳健民完成第一篇獄中書簡〈平靜的力量〉，以公民抗命先行者梭羅的人生自勉，其後所有書簡均刊載於香港《蘋果日報》。

2019.5.5 陳健民由荔枝角收押所移轉到壁屋監獄，完成獄中書簡〈不增不減 安住當下〉，以一行禪師的思想自勉。

2019.5.10 陳健民完成獄中書簡〈社會底層的悲歌〉，述說囚友的悲哀故事。

2019.5.19 陳健民完成獄中書簡〈掌權者的喊聲〉，批評林鄭月娥在修例事件中高傲的姿態。

2019.5.26 陳健民完成獄中書簡〈如鹿切慕溪水〉，描述在獄中閱讀臺灣民主運動史令他感到驚心動魄，勉勵港人借鑑臺灣人為民主自由付出的代價。

2019.6.8 陳健民完成獄中書簡〈抗爭者家人的苦楚〉，描寫母親來探監的情境和聯想到臺灣的林義雄、陳文成等家人承受的痛楚。

2019.6.9　　　6.9「守護香港反送中」大遊行，103 萬人上街。

2019.6.11　　目睹有基督徒參與 6 月 9 日的抗爭，陳健民寫就獄中書簡〈觸動道德的底線〉，講述臺灣美麗島事件中長老教會支援被通緝的施明德的故事。

2019.6.12　　反送中「包圍立法會」，民眾包圍香港立法會抗議《逃犯條例》二讀。港府首次定義反送中運動為「暴動」。據警方公布的數字，在清場期間發射逾 240 枚催淚彈、約 3 發布袋彈、約 19 發橡膠子彈和約 30 發海綿彈。鎮壓造成逾 80 人受傷，多名示威者頭部中槍，其中 2 人傷勢嚴重。

2019.6.15　　時任香港特別行政區行政長官的林鄭月娥宣布暫緩《逃犯條例》修訂。參與反送中的香港社會運動人士梁凌杰於金鐘逝世。

2019.6.16　　反送中「譴責鎮壓，撤回惡法」大遊行，200 萬人上街，並提出「五大訴求，缺一不可」。

2019.6.18　　林鄭月娥召開記者會，表示《逃犯條例》修訂草案工作已停止。

2019.6.20　　由於香港特區政府在下午 5 點前，仍未回應四大訴求（其後加上民主普選，變成五大訴求），因此民間與大專學界宣布將行動升級，包括號召 21 日早

上 7 點在金鐘包圍政府總部、行政長官辦公室、禮賓府、灣仔香港警察總部，以至進行罷工、罷市、罷課、不合作運動及堵路等。

2019.6.21　示威者包圍警察總部，發起「不合作運動」。

2019.6.22　陳健民完成獄中書簡〈放下・走得更遠〉，勸林鄭月娥放下執念。

2019.6.25　港人號召集資，於 G20 前夕在各國報紙刊登表達反送中訴求的廣告。

2019.6.26　民間人權陣線發起「G20 Free Hong Kong 集會」。

2019.7.1　7.1 大遊行，示威者佔領香港立法會。同日陳健民寫就獄中書簡〈以生回報死〉，以真空法師的故事勸喻年輕人不要再為了反送中而自殺。

2019.7.7　完成獄中書簡〈萬山不許一溪奔〉，講述余英時教授相贈墨寶與及感悟讀書人應保存氣節。

2019.7.8　歌手何韻詩在聯合國人權理事會中聲援反送中運動。

2019.7.14　7.14 香港沙田區遊行，10 萬人上街，警方與民眾爆發流血衝突。同日陳健民完成獄中書簡〈悲觀是懦弱〉，指出面對不公的狀況不能懦弱退縮，但對形勢的評估不宜過度樂觀。

2019.7.21	7.21 反送中第六次遊行，43 萬人參加。港警於上環向人群連開 26 槍。發生元朗地鐵站白衣人無差別攻擊市民事件。同日陳健民完成獄中書簡〈沒有時鐘的世界〉，講述在困境中如何不會度日如年。
2019.7.27	「光復元朗」遊行，抗議警方漠視 7.21 元朗地鐵站事件。28 萬人參與。港警首度針對反送中遊行發出「反對通知書」。
2019.7.28	「毋忘上環，追究上環開槍大遊行」。同日陳健民完成獄中書簡〈香港人慘過坐監〉，講述牢獄生活雖苦，但在牆外的港人每天如活在地獄中。
2019.7.30	參與「毋忘上環」被港警拘捕的示威者，多數被以最高監禁時間為 10 年的暴動罪控告。
2019.7.31	北區水貨客關注組發起「光復上水」遊行。
2019.8.2	香港公務員首度發起反送中集會。
2019.8.3	「旺角再遊行」，12 萬人上街參與。黃大仙地區居民包圍警察宿舍。
2019.8.4	將軍澳、港島西遊行（東西夾擊）。15 萬人上街。同日陳健民完成獄中書簡〈如何讓年輕人少流點血〉，重申非暴力抗爭的力量。
2019.8.5	全港大三罷（罷工、罷市、罷課），示威者發起「不

合作抗爭」癱瘓交通。

2019.8.11	印尼女記者英達（Veby Mega Indah）於採訪途中被港警發射的疑似橡膠子彈射傷右眼，造成永久視力損傷。同日陳健民完成獄中書簡〈謊言的紅利〉，指責政府和建制派顛倒是非是為了個人私利。
2019.8.12	香港機場「還眼集會」。醫護人員宣布無限期罷工
2019.8.13	香港機場再次集會。《環球日報》記者付國豪因身分疑雲，被集會民眾包圍和襲擊。
2019.8.18	8.18 遊行，170 萬人上街。同日陳健民完成獄中書簡〈亂邦不居〉，以林獻堂、陳寅恪的故事討論去留故土的掙扎。
2019.8.19	港人集資於 18 個國家刊載報紙廣告，籲請各界關注香港警察暴力問題。
2019.8.23	「香港之路」人鏈活動。
2019.8.24	觀塘遊行、關注智慧燈柱運動（因其可能用作監控用途）。
2019.8.25	荃葵青大遊行，警察首次出動水炮車、擊發實彈。同日陳健民完成獄中書簡〈刨木聯想對話平臺〉，批評林鄭月娥所代表的工具理性阻礙以對話尋求共識。

2019.8.29	前香港民族黨召集人陳浩天、香港大學學生會前會長孫曉嵐被捕。
2019.8.30	前香港眾志秘書長黃之鋒、前香港眾志成員周庭及多名議員被捕。
2019.8.31	8.31 大遊行。鎮暴警察衝入太子站地鐵月臺與車廂,無差別攻擊市民,並關閉地鐵站,不讓媒體與醫護人員進入。
2019.9.1	發起「機場交通壓力測試」,試圖癱瘓香港機場主要聯外道路。同日陳健民完成獄中書簡〈哪來對話的基礎?〉,批評林鄭月娥一面邀請社會人士與她對話,一面拘捕泛民議員,完全缺乏解決危機的誠意。
2019.9.2	開學日,全港大罷課。
2019.9.4	林鄭月娥宣布撤回《逃犯條例》修例,但拒絕五大訴求中除第一條以外的其餘訴求。
2019.9.8	陳健民完成獄中書簡〈白老鼠的守法精神〉,批評「以法治國」、「止暴制亂」都是將法律視為控制人民的工具而非港人理解的法治精神。
2019.9.11	連登網友共同創作的〈願榮光歸香港〉歌曲發布。
2019.9.13	獅子山、太平山中秋人鏈活動。

2019.9.14　九龍灣淘大商場撐（支持）警集會。

2019.9.15　「國際民主日」遊行。同日陳健民完成獄中書簡〈我要向山舉目〉，以陳日君樞機參與中秋人鏈活動，寄望和理非發揮更大作用。

2019.9.20　國際特赦組織發布調查報告，譴責香港警方過度使用暴力。

2019.9.21　紀念 7.21 元朗事件屆滿 2 個月，示威者在元朗站靜坐。

2019.9.22　參與反送中運動的 15 歲學生陳彥霖屍體在油塘海面被發現，當時身分未明。同日陳健民完成獄中書簡〈逆權紅耳龜〉，重申坐牢是對專制的控訴。

2019.9.25　美國國會外交委員會通過《香港人權及民主法案》

2019.9.26　林鄭月娥舉辦首場「社區對話」。

2019.9.28　紀念雨傘運動 5 週年，「反抗權威，迎接黎明」集會。

2019.9.29　全球反極權大遊行，於 24 國、65 個城市舉行。何韻詩於臺北場行前遭中華統一促進黨、大陳島鄉情文化促進會成員潑漆。同日陳健民完成獄中書簡〈商界如何化解深層次矛盾〉，指出商界應支持民主才能長遠保護自己和香港的利益。

2019.10.1　國殤遊行，超過 10 萬人參與。首次有示威者中槍。

2019.10.4　林鄭月娥引用《緊急情況規例條例》，訂定《禁蒙面法》。

示威者反《禁蒙面法》。港警第二次開槍擊中市民。

2019.10.6　反極權反《緊急法》大遊行。

2019.10.7　陳健民完成獄中書簡〈覺悟〉，認為抗爭者不會因《禁蒙面法》而退縮，就像中國第一個留美學生容閎在覺悟後展現出處變不驚的器度。

2019.10.11　確認油塘海面的女屍身分為參與反送中運動的示威者陳彥霖。民眾懷疑其「被自殺」；港警判定其為自殺，且死因並無可疑之處。

8.31 太子站事件的被捕者控訴港警性暴力。

2019.10.14　《香港人權民主法案》集氣大會，共 13 萬人參與。

陳彥霖生前在香港知專設計學院的閉路電視影像公開，遭疑經過剪接、替身出演。

2019.10.16　美國眾議院通過《香港人權與民主法案》。

2019.10.20　九龍大遊行。水砲車染藍九龍清真寺。同日陳健民完成獄中書簡〈改善空間〉，描述他在獄中應考木工試的經歷，順帶批評警方每日的例行記者會以「語言偽術」掩飾警員的濫權行為。

2019.10.23　陳同佳出獄。

2019.10.27　得悉有一中國青年從大陸到港襲擊在連儂牆下發傳
　　　　　　單的志工，陳健民寫就獄中書簡〈國族主義的催
　　　　　　眠〉，批判盲目愛國主義。

2019.10.29　黃之鋒區議會選舉資格被取消。

2019.10.31　律政司申請網絡禁制令，禁止民眾在網路上發布威
　　　　　　脅使用暴力及破壞財物的言論。全民面具日，反對
　　　　　　《禁蒙面法》。

2019.11.2　民主派區議會參選人發起集會，警方於維園發射催
　　　　　　淚彈。

2019.11.3　據說襲擊民間人權陣線召集人的嫌犯是南亞裔人，
　　　　　　一度引發種族衝突的危機。但在 10 月 20 日九龍大
　　　　　　遊行中，南亞裔人在重慶大廈外發水支持遊行群
　　　　　　眾，再加上警方在清場時用防暴水車噴藍了清真
　　　　　　寺，令港人抗爭與少數族裔得以和解，陳健民得悉
　　　　　　後，寫成獄中書簡〈重慶 Connect〉。

2019.11.4　香港科技大學學生周梓樂「意外墜樓」，市民發起
　　　　　　悼念活動。

2019.11.10　陳健民完成獄中書簡〈以為快到彼岸的蠍子〉，批
　　　　　　評中共過度自信，結果是澈底破壞一國兩制、損人

害己。

2019.11.11 紀念日三罷（罷工、罷課、罷市；黎明行動）。港警第三度實彈傷人。

2019.11.12 香港各大學校園首度被警察攻入。香港中文大學爆發警民攻防戰。

2019.11.16 香港理工大學圍城戰，共1萬1百人遭逮捕或登記。

2019.11.17 完成獄中書簡〈貓仔的悠長假期〉，悼念科大學生周梓樂。

2019.11.20 美國參議院通過《香港人權及民主法案》。

2019.11.24 香港區議會選舉，民主派大勝。

2019.11.25 陳健民完成獄中書簡〈黎明的喜訊〉，表達對民主派於區議會選舉大勝的興奮心情。

2019.12.1 「毋忘初心遊行」，38萬人上街參與。同日陳健民完成獄中書簡〈1492中國想像〉，討論西方國家多年來以佔有中國市場來與他國競爭，故不敢貿然制裁中國。

2019.12.8 國際人權日遊行，80萬人參與。同日陳健民完成獄中書簡〈人人應拿起磚頭〉，分析公民社會的「自我保衛」功能。周梓樂追思會。

2019.12.9 「黎明行動」再起。

2019.12.14　陳健民完成獄中書簡〈梅花香自苦寒來〉，述說獄中生活的屈辱與哀愁，祈求因為反送中運動入獄的抗爭者不會被監獄摧毀心志。

2019.12.17　林鄭月娥發起第二場社區對話。

2019.12.21　7.21 元朗地鐵站事件屆滿 5 個月，示威者在元朗形點一期商場的中庭靜坐。

2019.12.22　聲援維吾爾族人權集會。同日陳健民完成獄中書簡〈小狗的制度自信〉，批評中國模式的虛妄。

2019.12.24　平安夜「和你 Sing」集會。

2019.12.25　聖誕節「和你 Shop」集會。

2019.12.29　陳健民完成獄中書簡〈決不虛作無聲〉，分享大量市民寄來的聖誕卡的內容。

2019.12.31　8.31 太子站事件 4 個月悼念集會。

2020.1.1　元旦大遊行。

2020.1.5　「上水和你行」遊行。同日陳健民完成獄中書簡〈社區革命・歲月靜好〉，分享臺灣北投社區營造的經驗，寄望新一屆區議會進行社區革新。

2020.1.8　周梓樂逝世 2 個月悼念集會。

2020.1.12　「天下制裁集氣大會」集會。同日陳健民完成獄中書簡〈良知經濟圈〉，肯定黃色經濟圈的意義。

2020.1.19　「天下制裁」集會。同日陳健民完成獄中書簡〈一縷輕煙寄哀愁〉，述說抗爭手足在獄中會感到分外孤寂。

2020.1.22　「手足和你團年」集會。

2020.1.25　2016 年 2 月 8 日「魚蛋革命」（旺角騷亂）4 週年紀念行動。同日陳健民完成獄中書簡〈最幸福的時刻〉，表達在除夕夜想念家人之情。

2020.2.8　周梓樂逝世 3 個月悼念會。

2020.2.9　陳健民完成獄中書簡〈瘟疫蔓延中出獄〉，祝福一些即將出獄的獄友。

2020.2.14　「和你過情人節」撐（支持）在囚手足集會。

2020.2.16　陳健民完成獄中書簡〈與遺忘鬥爭〉，討論中共因沒反思歷史上的錯誤而重蹈覆轍，因此港人必須拒絕遺忘。

2020.2.21　7.21 元朗地鐵站事件 7 個月紀念會。

2020.2.23　完成獄中書簡〈佔中案為何上訴？〉，解釋為何法庭不應重判和平示威者。

2020.2.29　8.31 太子站事件半週年悼念會。

2020.3.1　陳健民完成獄中書簡〈沮喪與憤怒〉，回顧坐牢一年有否變得過度沮喪或憤怒。

2020.3.8	周梓樂逝世 4 個月悼念會。
2020.3.9	陳健民在生日當天完成獄中書簡最後一篇〈告別壁屋〉，回顧大半生努力的志業不是搖搖欲墜便是遙遙無期，但目睹波瀾壯濶的反送中運動後，對新一代的勇氣和智慧燃起信心。
2020.3.14	陳健民服刑期滿，離開壁屋監獄。
2020.3.21	7.21 元朗地鐵站事件 8 個月紀念會。
2020.3.31	8.31 太子站事件 7 個月悼念會。
2020.4.18	4.18 大搜捕，15 位民主派人士被捕。
2020.4.21	7.21 元朗地鐵站事件 9 個月紀念會。
2020.4.30	8.31 太子站事件 8 個月紀念會。
2020.5.8	周梓樂逝世半年悼念會。
2020.5.15	監警會發表「反修例運動」報告，林鄭月娥重申不會成立「獨立調查委員會」調察警隊。
2020.5.21	7.21 元朗地鐵站事件 10 個月紀念會。
2020.5.27	大三罷行動 2.0、包圍立法會活動。
2020.5.31	8.31 太子站事件 9 個月紀念會。
2020.6.1	《國安法》（中華人民共和國香港特別行政區維護國家安全法）於第五十八次全國人民代表大會常務委員會委員長會議審議通過。《陳健民獄中書簡》（香

港版）初版上市發行。

2020.6.9	6.9「守護香港反送中」大遊行 1 週年紀念會。
2020.6.12	6.12「包圍立法會」1 週年紀念集會。
2020.6.15	悼念梁凌杰逝世 1 週年活動。
2020.6.20	「罷工罷課公投」行動。
2020.6.28	6.28 反國安法靜默遊行。
2020.6.30	《國安法》第二次審議通過。香港眾志、學生動源、香港民族陣線等各政治團體紛紛解散。
2020.7.1	《國安法》正式生效。自 1997 年香港回歸後舉行了 22 年的 7.1 大遊行首次被禁。
2020.7.11	民主派爭取區議會初選席次過半，提出「35+ 公民投票計畫」。
2020.7.17	警察搜查香港理工大學學生會。
2020.7.21	7.21 元朗地鐵站事件 1 週年紀念會。
2020.7.30	多名香港立法會參選人被取消參選資格（Disqualification, DQ）。
2020.8.23	參與 2019 年反送中運動被捕、保釋期間欲偷渡入臺的 12 名香港人被廣東海警局拘捕，此為「12 港人案」。
2020.8.31	8.31 太子站事件 1 週年紀念會。
2020.9.6	9.6 九龍大遊行。

2020.9.20 「12 港人案」的部分家屬於立法會議員朱凱迪、鄒家成陪同下前往報案。

2020.11.11 四名民主派立法會議員資格被全國人大取消。

2020.12.30 「12 港人案」判決宣布。

2021.1.6 參與爭取區議會初選「35+ 公民投票計畫」的 53 位民主派人士被捕。

2021.2.28 參與「35+ 公民投票計畫」的 47 名民主派人士被控「串謀顛覆國家政權」。

2021.3.31 港府取消中學通識教育科，更名「公民與社會發展科」，以「香港、國家和當代世界」為核心內容，削減原有的大半民生、政治議題。

2021.4 香港立法會選制改革，民選席次減半。

2021.5.13 出版《陳健民獄中書簡》的香港出版公司公告因「眾所周知的原因」，「決定縮減業務，停止在香港印製及發行實體書籍，只維持網上平臺（Amazon）電子書銷售」。

2021.6.17 香港《蘋果日報》停止營運。

2021.6.23 首宗按《國安法》審理的案件（唐英傑案）開庭，不設陪審團。

2021.7.19 陳健民抵臺，任國立政治大學社會系客座教授。

附錄一
樂天知命，隨遇而安

蔡子強 [142]

　　週日，終於有機會到壁屋監獄去探望陳健民。按規定，囚犯一個月只能見兩次到訪親友，每次最多見三個人，且見面不能超過 30 分鐘。拜託健民太太幫手安排，但也要等了 4 個多月，才等到這個珍貴的機會。

　　今次是與健民太太和朱耀明牧師一起去。到了壁屋，先到接待處，填上一張簡單表格，遞上身分證，讓職員將資料輸入電腦後，便可以坐下來等候叫號碼。大約等了半小時後，便輪到我們。進去探訪室前，還要接受安檢，除了手錶和紙巾，任何物品都不能帶進去。

　　進入探訪室後，才知道原來這是一個長長的房間，訪者坐在一邊，隔著厚厚直抵天花的玻璃，獄友坐在另一邊，房間劃

---

142 香港中文大學政治與行動學系高級講師、時事評論員、公共知識分子，研究香港政治、選舉制度與議會發展，廣泛於香港各大報章雜誌寫專欄文章、投書。曾獲中國《騰訊網》頒發的「中國年度最佳專欄」、《南方周末》頒發的「中國年度最佳專欄」第二名。著有《新君王論》系列、《大人們的餐桌》等。

為一排小格，每隔檯上放著三部電話，我們只能隔著玻璃，用電話和對方交談。健民到來時，隔著玻璃，跟朱牧和我先後手印手，以此打招呼，這好像象徵，世上的藩籬把我們阻隔開，但我們的心卻始終連在一起。這是一個炙熱的夏天，無論天氣和政治氣氛都如是，大家都燥熱難當，但眼前的健民卻出奇地心境平和，甚至竟然有點神清氣爽。

我記得 10 年前，曾經幫一個港臺節目訪問過程翔[143]，憶述他的獄中歲月，當時他曾說過：「從正式被捕，至扣上手銬，牢房鐵閘關上，心是碎了……。曾經全面懷疑自己一生所堅持的價值，包括愛國、誠實和坦蕩。」他說這是他人生最灰暗的日子，甚至想過自殺。這讓我開始明白到，囚牢對一個人，哪怕是個堅毅的知識分子，那種折磨和打擊。我問健民獄中的日子過得怎樣？他說最難熬的是近日天氣之苦熱，尤其是他所處的牢房在頂樓，經過烈日曝晒，讓他黃昏回牢房時有如走進一個大蒸籠。同牢房有 30 多人，只有 6 把風扇，有一半位置吹不到，雖然他已是幸運的另一半。以冷水淋身是唯一的降溫方法，但卻彷彿回到當年徙置區制（限）水的日子，要樓下關了水龍頭，樓上才有水供應。晚上，因為床與床之間距離很近，

---

143 程翔：香港記者，2005 年於北京因間諜罪下獄 5 年。

讓每個人散發的體溫和熱力更難散去，大家都難以入睡，即使赤身露體，仍然滿身是汗。不少人便索性起來，在暗暗的牢房內行來行去，成了一道十分奇特的風景。

健民太太說本來想與丈夫甘苦與共，於是曾經試過想不開冷氣睡覺，但結果因為天氣實在太熱，也只能作罷。邵家臻說渴望能夠擁有一把手提小風扇，想不到這樣一件我向來視為「姿姿整整」（無端添加）的小物，卻成了獄友在炎夏求之不得的良伴。世情就是如此，換個處境，你才會發現一切並不是理所當然。

我問健民，炎夏獄中處境如此惡劣，為何眼前的你，卻又可以如斯心境平和，且笑得釋懷？健民說，首要是事前就「公民抗命」及其後果，做足理論和心理上的準備，此外，靠的便是打坐和禪修。

這讓我想起入獄前，健民曾經提過的一個故事：一位曾被關進牢裡多個月的內地女權分子曾經探望他，在他入獄前為他打氣。她提及自己的經歷，在入獄後第一個晚上，雖然萬分痛苦，結果卻以打坐和禪修來安頓了自己。結果明早醒來，獄友都驚訝地望著她，問她是否是慣犯，因為她們從來沒見過「新丁」（新人）可以睡得那樣甜，甜到打鼻鼾。後來她在獄中便教大家禪修和拉筋，獄友都感激她，說身心受用。她又憑自己

的知識和溝通能力，用最溫和的方法將獄友的訴求向看守的職員表達，改善了一些積聚已久的問題，獄友更是心存感激。

因此，健民領略到打坐和禪修是平靜自己、洗滌心靈、去除煩躁的不二法門。因此他在獄中每天都打坐和禪修。另外，健民亦以讀書來寄託心靈。獄中他可以看電視新聞（雖然那是TVB），也可以讀報，自然知道近日香港的激烈社會對抗和衝突，以及勇武派所做的種種抗爭，這讓他萌起了念頭，拜託太太帶了當年其中一位勇武抗爭之父，已故美國黑人民權領袖麥爾坎‧X的著作來給他在獄中重溫，希望可以多一點領會勇武派的思維。監獄能夠禁錮一個人的軀體，卻無法禁錮自由的靈魂。

我曾經說過，無論是在大學教書，還是走入社會實踐；無論在港推動民主運動，還是北上協助建立公民社會；無論是走進中聯辦，還是發動「佔領中環」，健民的「一片冰心」從來都沒有改變。他還是那個正直、抱有理想主義的陳健民。我想今天還可再加一句，無論閒雲野鶴，還是身陷囹圄，哪怕身在何方，他還是那個隨遇而安、樂天知命的陳健民。

附錄二
再見健民

周保松 [144]

時隔 4 個多月，我終於再次見到健民，在西貢壁屋監獄。4 月的記憶猶在，再見已是初秋，日子儘管不長，卻已彷若隔世。畢竟沒有人能料到，香港會有這麼悠長如此壯闊的一個夏天。

9 月 7 日上午 10 點，在健民太太 Tracy 安排下，我和中大同事、也是健民的好朋友 Donna，得以一道去探望健民。壁屋監獄建於上世紀 70 年代，在彩虹去西貢必經的清水灣道上，相當老舊，樓房都用鐵絲網重重圍著。我們先在監獄大門旁邊的接待處會合，將物品寄存，然後等待安排。按規矩，每次見面最多可 3 人，時間為半小時。Tracy 為健民帶了 6 本書。我

---

144 香港中文大學政治與行政學系副教授、公共知識分子，研究領域為當代政治哲學、公共哲學。曾獲香港中文大學校長模範教學獎及通識教育模範教學獎。著有《政治的道德》、《小王子的領悟》（已譯為多國語言）、《我們的黃金時代》等。2014 年雨傘運動時，他在抗議現場公開教授羅爾斯的《正義論》（*A Theory of Justice*），被短暫逮捕。

看了一下，裡面包括 Craig Calhoun ed., *Habermas and the Public Sphere*、Martin Seligman, *Flourish*、D. H. Lawrence, *Sons and Lovers*、蕭公權，《中國政治思想史》（上、下冊），以及容閎的《我在中國和美國的生活》。Tracy 告訴我，健民早前讀過陳寅恪的《論再生緣》，很想找陳端生的《再生緣》來看，可是她卻遍尋不獲。我一邊聽著，一邊暗暗詫異在這種環境和時勢下，健民竟還能安心讀書。

過了不久，懲教署職員便領著我們往監獄裡面走。會面之處是個異常侷促狹長的房間，正中間豎著又高又厚的玻璃，將犯人和探訪者隔絕，而我們只能用桌上的幾具電話溝通。

職員叫著號碼，犯人便從門外進來。去到第三位，是 98 號。Tracy 輕聲說，這是健民。一秒後，健民出現。健民見到我們，揮手，微笑，眼裡全是喜悅。那份喜悅，我相信，健民同樣在我們的眼中見到。來到座位前，健民伸出雙手放在玻璃上，我們也自然地將手掌放上去和他合在一起。這是特有的監獄見面禮。我們無法握手，不能擁抱，只能以這樣的方式感受對方。由於時間有限，我們一早已商量好，我和 Donna 只見 10 分鐘，餘下時間留給他們兩口子。甫坐下來，我先轉告好些朋友對健民的問候，讓他知道大家的掛念。

我之前一直擔心，獄中生涯會磨損健民的身體和精神。不

過健民一開口，我的擔憂便一掃而空。健民還是那個我們熟悉的健民，雖然清減了一點，但聲音爽朗，精神飽滿，意志高昂，沒有絲毫懷憂喪志。健民告訴我們，他現在每天茹素，晚餐少吃甚至不吃，並盡量爭取機會跑步。跑步不僅有益身體，更能幫助他心靈平靜。

失去自由，失去事業，與 30 多人擠在一個囚室生活，大熱天沒有空調，甚至沒有一張讀書寫字的書桌，健民即使什麼也不說，我們也能想像其中的艱難。不過健民卻懂得以苦作樂，淡淡然笑著說，從來沒有試過像現在這般所有時間屬於自己，如果不是十分掛念 Tracy，如此生活也不錯。時間所限，我們沒機會交換太多對時局的看法，但健民清楚知道外面正在發生什麼，並說十分擔心那一千多位被捕者。他希望出來後，能夠用他的獄中經驗來為這些朋友打氣，希望他們不要對失去自由有過多的恐懼。

10 分鐘很短很短。

臨走時，我完全不加思索且極為自然地說了句，健民，我們先走了，I love you。大家愕然地停頓了一下，然後齊齊笑起來。Tracy 說，這句話應該由我來說呀。Donna 說，那我就說「I adore you」吧。

健民笑而不語。

現在是初秋。秋天過去，是冬天。冬天再過去，是春天。3 月杜鵑開遍香港時，健民就會自由，就會回家。

健民，我們等你。

隔著玻璃的握手

蔡東豪 [145]

　　經過這地方超過一百次，從沒深究建築物群代表著什麼，裡面的人怎樣過日子。從今日開始，每次再經過這地方，我的感覺都不再一樣，因為我進入過這地方，隔著玻璃，見到一個我很想見到的人，總算和這地方產生了一點連繫。進入建築物群，需要經過很多例行手續，因為不能攜帶手機，所以我的眼睛罕有地留意身邊的事物，例如牆上源源不絕的告示，不准什麼，只准什麼。有的是時間，我細心閱讀告示，一個反覆出現的詞語，我覺得很不舒服——「犯人」。我想起古裝片的衙門，官員大叫一聲：「押犯人出嚟（出來）！」

　　以前我也在文章斟酌過，法庭的「犯人欄」（被告席）非常有問題，未判之前被告怎會是「犯人」？然而，在這地方出現，代表已經判了案，哪怕結果我們多麼不能夠接受，不能說

---

145 著名投資專欄作家、企業主管、《立場新聞》創辦人。

是不準確，只是我覺得這詞語渾身不舒服。「犯人」，我聯想到的，是姦淫擄掠，是偷拐搶騙，但玻璃後面是溫文有禮的美國長春藤大學博士。剛巧這一日和我一起來的，還有陳祖為教授，向他請教，他說現代人大都轉用「在囚人士」，這些告示牌屬於另一個年代。「在囚人士」，我較能接受，他只是「在囚」，但為何是他……

法例規定探訪人數上限是 3 人，今日來的有家屬、陳祖為教授和我。陳教授第二次來，可能見到我有點兒緊張，對我說：「我可以肯定，一陣間我們四個人之中，最精神奕奕的是他。」我們笑了，在朋友附近，四萬（笑容滿面）是他的面部標誌，特別是這些場合，他一定不想朋友為他擔心。之前已經說好，見面時間只有 30 分鐘，陳教授和我 10 分鐘之後先行離開，把餘下的時間留給家屬。很簡單吧？原來並不簡單，世界上有一種地方刻意讓時間這概念消失，在這地方的人同時視時間為最佳朋友和最惡毒敵人。

之前我用心思考過，只得 10 分鐘的話，好好把握這 10 分鐘，我甚至在自己腦海中預演過對談。隔著玻璃，經過電話筒，四萬在前，所有預演拋諸腦後，如果把我們的對話錄音，沒有畫面，其他人會估這個場合是熟朋友在酒吧吹水（聊天）。

談跑步，談跑鞋，談發夢發到什麼，談 CCTVB[146]（這裡只有 CCTVB），談冬天時可以蓋幾多張被。

我知道他一定能夠克服眼前的逆境，他不是平常人，擁有不一樣的意志，一年前當他知道自己有可能進來這地方，他已經開始改變自己的生活習慣，例如天氣熱睡覺時不開冷氣。但四萬背後的不舒服，包括肉體和心靈，只能由他自己去承受。隔著玻璃和經過電話筒互噴口水之際，我即時聯想到的一個畫面，是一年後他巡迴演講，在千百觀眾面前，講述過去一年的經歷。登六（邁入 60 歲）後，大叔的說話大都變得沒味，in 的沒新意，out 的變得重複，但這個剛登六的四萬大叔，像電池廣告中充滿能量的玩具兔仔，停不下來。

這個大叔將會充滿味道。

沒手錶，沒手機，牆壁上沒鐘，怎樣才算是 10 分鐘？陳教授和我先行離開的途中，談的是時間，時間的概念，在這個地方時間的概念。這地方刻意毀滅時間的概念，出發點可能是善意，因為時間的概念可以澈底折磨這裡的人。還有……還有……不是吧，現在仍然是今天！

我問陳教授，今次和上次他有什麼不同，陳教授說沒有不

146　CCTVB：China Centralised Television Broadcasts Limited（中國中央電視廣播有限公司），香港網民諷刺 TVB 的一個惡搞稱呼。

同，「一樣咁 spirited（很精神）」。

　　我不知道香港人有幾（多少）懂得感激這位全心全意為了香港人而成為「在囚人士」的啟蒙者，但不重要，我知道他從來不是這樣計算事情，他的目光比我能想像的遠大。這一刻香港不就是最需要擁有這種目光的啟蒙者？但，點解（怎麼解釋），點解啟蒙者在玻璃的另一面？香港有事，香港真的有事。

眾聲

受苦與反抗：陳健民，獄中書簡

2022年3月初版　　　　　　　　　　　　　　　　定價：新臺幣360元
2022年5月初版第二刷
有著作權・翻印必究
Printed in Taiwan.

著　　　者	陳	健	民
叢書編輯	黃	淑	真
內頁插圖	花		苑
內文排版	薛	美	惠
封面設計	兒		日

出　版　者	聯經出版事業股份有限公司	副總編輯	陳	逸	華
地　　　址	新北市汐止區大同路一段369號1樓	總 編 輯	涂	豐	恩
叢書編輯電話	（02）86925588轉5322	總 經 理	陳	芝	宇
台北聯經書房	台北市新生南路三段94號	社　　長	羅	國	俊
電　　　話	（02）23620308	發 行 人	林	載	爵
台中辦事處電話	（04）22312023
台中電子信箱	e-mail:linking2@ms42.hinet.net
郵政劃撥帳戶	第0100559-3號
郵　撥　電　話	（02）23620308
印　刷　者	文聯彩色製版印刷有限公司
總　經　銷	聯合發行股份有限公司
發　行　所	新北市新店區寶橋路235巷6弄6號2樓
電　　　話	（02）29178022

行政院新聞局出版事業登記證局版臺業字第0130號

本書如有缺頁，破損，倒裝請寄回台北聯經書房更換。　ISBN　978-957-08-6217-1 (平裝)
聯經網址：www.linkingbooks.com.tw
電子信箱：linking@udngroup.com

國家圖書館出版品預行編目資料

受苦與反抗：陳健民，獄中書簡/陳健民著. 初版.
新北市. 聯經. 2022年3月. 272面. 14.8×21公分（眾聲）
ISBN　978-957-08-6217-1（平裝）
[2022年5月初版第二刷]

1.CST：社會運動　2.CST：政治運動
3.CST：香港特別行政區

541.45　　　　　　　　　　　　　　　111001256